選管職員に取材して編纂

選挙管理委員会事務局
新任 職員のための本

■選挙管理委員会で仕事を始めるみなさんへ

　「選挙管理委員会事務局」で仕事を始めることになったみなさんは「選挙管理は難しい印象がある」「何をすればいいのだろうか」「自分にできるだろうか」など、心配事が尽きないのではないでしょうか。また、投開票日に手伝った経験があっても、「選挙があるときに忙しいのは理解できるが、ほかのときは何をしているのかわからない」という印象を持っている人も多いと思います。

　選挙管理委員会事務局は、選挙が行われるときの準備から投開票などに関わることはもちろん、選挙が行われないときでも、さまざまな選挙関連の事務に携わっており、その内容は実に多岐にわたります。どの業務も正しく執り行わなければならないのは、ほかの部署と変わりませんが、とくに選挙の執行は、いつも"現在進行形"で選挙管理事務が発生し、些細なミスも許されません。

　「大変な仕事だ」と思うかもしれません。
　しかし、選挙は民主主義の根幹となるものです。正しく執り行われることで私たちの社会が成り立っています。その一

翼を担うことは、大いにやりがいにつながります。そして選挙管理委員会で業務に携わると、法令に即した正しい判断が身に付くと同時に、柔軟な発想で業務を進めることができるようになります。これは必ずみなさんの今後につながる財産になるでしょう。

　本書を作成するにあたっては実際に選挙管理委員会で業務に携わる職員の方々にお話を伺い、選挙管理実務の実勢に即してまとめました。「選挙管理委員会事務局ビギナー」のための指南書です。少なからず戸惑いをもって本書を開いたみなさんが業務に携わるにあたり、まずは知っておきたい知識や仕事をするうえでの心構え、実務に必要となる内容を網羅しました。
　選挙管理委員会事務局で良きスタートを切っていただけることを願っています。

目　次

1章｜今さら聞けない選挙の話

- \>\> なぜ選挙をするのでしょうか ── 10
- \>\> 日本の選挙の仕組みをおさらいしましょう ── 11
  - ●公職の選挙は大きく分けて2種類です ── 12
- \>\> 選挙の投票日は「選挙期日」が正式 ── 14
- \>\> 18歳以上のすべての国民が選挙権を持っています ── 16
- \>\> 公職の種類により被選挙権を持つ条件は異なります ── 17
- \>\> 選挙権・被選挙権を有しない者 ── 18
- \>\> 近年の投票率は低いイメージがありませんか？ ── 19
- column　世界の投票率ってどうなっている!? ── 21

2章｜選挙管理委員会っていったいどんなところ？

- \>\> 選挙管理委員会は選挙のための常設の公的機関です ── 22
- \>\> 選挙管理委員ってどんな人がなるのでしょうか ── 24
- \>\> 選挙管理委員会事務局が補佐役として実務を行います ── 24
- \>\> 事務局は大所帯から少数精鋭部隊までさまざまです ── 25
- \>\> 選挙管理委員会の委員と事務局の関係ってどんなものなのでしょうか ── 27
- column　選挙管理委員とはいい関係を築きたい ── 28
- \>\> 選挙管理委員会にはこんな人がやってきます ── 29
- \>\> 議員さんもよくやってきます ── 30
- column　何事も傾聴して、否定せずにまずは肯定 ── 31
- column　選挙管理委員会は取り締まり機関ではない ── 32
- column　判断ができないことを聞かれたときこそチャンス！ ── 33

3章 | 選挙管理委員会事務局での仕事スタート

- \>\> 選挙管理委員会事務局の１年のスケジュールの一例（選挙のある年） ―― 34
- \>\> 選挙人名簿は選挙の基本の「キ」! ―― 37
  - ●選挙人名簿の登録は定時と選挙のときに行われます ―― 38
  - ●選挙人名簿の登録の抹消も適切に行う必要があります ―― 38
  - ●選挙人名簿の閲覧は認められています ―― 38
- column 外国に住んでいる人は投票できないの? ―― 40
- column 運営するための手引など、一から作り直すと全体把握が進む ―― 41
- \>\> 選挙が行われないときもいろいろな仕事があります ―― 42
  - ●選挙啓発も大切な業務です ―― 42
  - ●出前授業は未来の有権者に働きかけるものです ―― 43
  - ●局内研修や実務研修には積極的に参加しましょう ―― 44
- column 自分の所属する事務局以外の人と交流を持とう ―― 46
- \>\> 机の上に揃えるべきは、公職選挙法、逐条解説、ポケット判例です ―― 47
- \>\> わからないことは放置せずに調べましょう ―― 48
- column 解説書や雑誌を活用しよう! ―― 49
- column 選挙執行時、こんなこともできる! ―― 50

4章 | 選挙が決まったら何をする?

- \>\> 選挙の執行が決まってから投開票後までの事務を紹介します ―― 52
- column 選挙は突然やってくる…こともある! ―― 53
- \>\> これまでの記録は情報の宝庫。最近の記録をチェックしましょう ―― 54
- column 前例踏襲は大切。でも工夫できることもたくさんある ―― 55
- \>\> 立候補の受付事務も選挙管理委員会の役割です ―― 56
  - 政党届出／本人届出／推薦届出

- ●立候補できない人もいます ─── 57
- column 供託は何のため? ─── 58
- \>\> 投票にはどんな種類があるのでしょうか ─── 60
  - ●投票所は投票区毎に設けられます ─── 60
    - 選挙期日(投票日当日)の投票／期日前投票／不在者投票いろいろ／在外投票
- column 遠洋や南極からも投票できる ─── 65
- column 親の投票についていったことのある人は投票行動を起こしやすい ─── 65
  - ●投票方法いろいろ ─── 66
- column 「父の代わりに私が」はNG ─── 67
- \>\> 投票所入場券って必要なものなのでしょうか ─── 68
- \>\> 投票は決められた投票所でなければ投票できません ─── 68
- \>\> 投票所にはどんな役割の人がいるのでしょう ─── 69
- \>\> 投票所の運営で大切なことを知っておきましょう ─── 70
- \>\> 開票ってどのように行われるのでしょうか ─── 70
- column 手伝ってくれる方々にも公正さの徹底を ─── 73
- \>\> 有効票と無効票 ─── 74
- column 候補者名のほかに※や★などの記号を記入した投票も無効 ─── 75
- \>\> 当選人を決める「選挙会」 ─── 76
- \>\> 当選人は得票数の多い順に決まりますが、場合によってくじ引きになります ─── 77
- column ドント方式ってどんな方式? ─── 79
- column 開票は見学ができる ─── 79
- \>\> 「選挙無効」と「当選無効」 ─── 80

5章｜選挙運動と政治活動について確認しておこう

- \>\> 選挙運動と政治活動ってどう違うのでしょうか ─── 82
- \>\> 選挙運動の期間は決まっています ─── 83

- \>\> 選挙運動の方法も決まっています ──────────── 84
  - 文書図画による選挙運動／選挙運動で使用できる文書図画／インターネット等を利用する選挙運動
- column サイトに掲載のポスターをプリントして配るのはNG！── 87
  - 選挙公報・言論などによる選挙運動／その他の選挙運動／自由に行うことができる選挙運動
- \>\> 選挙公営と公費負担 ─────────────────── 91
- \>\> 選挙運動でやってはいけない行為を確認しておきましょう ── 92
  - 戸別訪問の禁止／署名運動の禁止／人気投票の公表の禁止／飲食物の提供の禁止／気勢を張る行為や連呼行為の禁止／休憩所等の設置の禁止／文書図画の回覧行為の禁止
- \>\> 選挙運動ができない人 ─────────────────── 94
  - 選挙運動が制限されている人たち
- column 何が選挙違反になるのか、聞かれることが増えるかも ── 95
- column 選挙管理委員が選挙中に候補者の陣中見舞いに行くのもNG？ ──────────────────────────── 95
- \>\> 政治活動に関する規制 ─────────────────── 96
  - 個人及び後援団体の政治活動に関する規制／確認団体制度／政党等の政治活動用ポスターの規制
- column 年賀状や挨拶が目的の有料広告も禁止されています ── 98

6章 ｜ 寄附について正しく理解しよう

- \>\> 寄附について確認しましょう ──────────────── 100
- \>\> 公職選挙法で定められている寄附についてまとめます ─── 100
  - ●公職の候補者等は寄附が禁止されます ─────────── 101
- column 自ら出席する結婚披露宴等の祝儀等は認められます ── 103
- \>\> 公職の候補者等の関係会社など、公職の候補者等の氏名などを冠した関係会社などの寄附も禁止です ─────────── 104
- \>\> 後援団体に関する寄附等の禁止も定められています ──── 104
- \>\> 国又は地方公共団体と請負、その他特別の利益を伴う契約の当事者である者の寄附も禁止です ─────────── 106

>> 国又は地方公共団体が行う利子補給に係る融資を受けている
会社やその他の法人の寄附も禁止です ―――――― 106

column 選挙運動に関しては金銭などによる寄附も認められています ―――――― 107

>> 政治資金規正法で定められている寄附についてまとめます ― 108

政治団体とは／政治団体とみなされる団体とは／政党とは／公職の候補者
等とは／政治資金団体とは／資金管理団体とは／その他の政治団体とは
／国会議員関係政治団体とは／会社などの団体とは

>> 寄附の量的制限 ―――――――――――――――― 112

政党・政治資金団体が受けられる寄附／資金管理団体・その他の政治団体
が受けられる寄附／公職の候補者等が受けられる寄附／公職の候補者等が
提供できる寄附／会社などの団体が提供できる寄附

>> 寄附には質的な制限もあります ――――――――――― 120
>> 政治資金パーティーの対価の支払いにも制限があります ― 121

column 講演料などは受け取れるが金額には注意が必要 ――― 122

7章 | 問題となった事例　　　　　　　124

>> 選挙人名簿に関すること ―――――――――――――― 125
>> 啓発に関すること ――――――――――――――――― 128
>> 投票所入場券に関すること ――――――――――――― 129
>> 投票に関すること ――――――――――――――――― 134
>> 開票に関すること ――――――――――――――――― 144
>> 選挙公営に関すること ――――――――――――――― 146

1章 | 今さら聞けない選挙の話

>> なぜ選挙をするのでしょうか

　私たちの暮らしの舞台は、地域、学校や職場など、さまざまです。よりよい社会にしたい、よりよく暮らしたいというのは、誰もが願うところでしょう。日本は民主主義ですから、多くの人がともに暮らすなかでよりよい社会にするためにどうしたらよいかを決めるためには、それぞれが意見を出し合って話し合うことが必要です。

　そこで代表者を選んで話し合ってもらうことになります。小学校や中学校でいえば、学校全体のことを決めるときに、みんなで選んだクラス委員（学級委員）に全体の話し合いに参加してもらったでしょう。そのクラス委員（学級委員）を選ぶための手段として「選挙」をしたかもわかりません。

　このように自分たちの社会や暮らしをよくするために、自分たちの意見を反映させてくれる代表者を選ぶのが選挙です。

　国政選挙や地方選挙によって選ばれた者は、国民や住民の代表となり、すべての国民や住民のために社会をよりよくするために働く＝政治を行うことになります。日本は国民が主権を持つ民主主義国家です。政治を行う代表者を選ぶ選挙は、私たち自身が政治に参加して、その意志を政治に反映させることができる重要な機会といえます。

>> 日本の選挙の仕組みをおさらいしましょう

　日本の選挙制度は日本国憲法により、①普通選挙、②平等選挙、③秘密投票、④直接選挙の4原則を柱としています。

　普通選挙とは、財産の有無や納税額の多寡、性別などにより選挙権に差別を設けないことをいいます。これは、日本国憲法第15条第3項の規定（「公務員の選挙については、成年者による普通選挙を保障する」）に基づいています。平成27（2015）年に選挙権年齢が20歳以上から18歳以上に引き下げられたので、18歳以上の日本国民には選挙権があります。

　平等選挙とは、選挙人（＝有権者）の社会的地位や教育程度、財産や納税額などにより選挙権の内容に差別を設けず、誰でも投票できるのは1人1票であるということです。これは、日本国憲法第14条の規定（「すべて国民は、法の下に平等であって、人種、信条、性別、社会的身分又は門地により、政治的、経済的又は社会的関係において、差別されない」）及び第44条（「両議院の議員及びその選挙人の資格は、法律でこれを定める。但し、人種、信条、性別、社会的身分、門地、教育、財産又は収入によって差別してはならない」）に基づいています。

　秘密投票とは、誰が誰に投票したのかわからないように選挙を行うということです。このことも憲法第15条第4項に基づいており、投票が無記名で行われるのはこのためです。投票所で投票用紙を記入する場所に衝立を設けたり、投票用紙に記入しようとする人のそばにむやみに近寄ったりしないようにするのも投票の秘密を守るためです。

　直接選挙とは、選挙人（＝有権者）が直接、公職に就くべき人を選ぶということです。国会議員、都道府県・市区町村の首長や議員は

選挙人が直接選んで投票します。ただし、内閣総理大臣は直接選挙ではなく、選挙で選ばれた国会議員による投票で選ばれます。これを間接選挙といいます。

● **公職の選挙は大きく分けて2種類です**

　公職の選挙は大きく分けると国政選挙と地方選挙があります。国政選挙は衆議院議員と参議院議員を選ぶ選挙、地方選挙は都道府県知事、都道府県議会議員、市区町村長、市区町村議会議員を選ぶ選挙です。まずは国政選挙から見ていきましょう。

　衆議院議員を選ぶのは「衆議院議員選挙」です。議員の任期満了によって行われる場合と衆議院の解散によって行われる場合があります。参議院議員を選ぶのは、「参議院議員選挙」です。参議院は3年毎に議員の半数を入れ替えることが憲法で決められているので、3年に1度、議員の半数（124人）を選ぶ選挙を行います。衆議院と違って、参議院には解散がないので、議員の任期満了によって行われます。

　衆議院議員の選挙でも参議院議員の選挙でも、当選した人が議員となったあとに亡くなったり、退職した場合、繰り上げ当選をしても議員の定数に満たない場合は**補欠選挙**が行われます。これは原則として4月と10月の第4日曜日に行われます。また、選挙が行われても必要な数の当選人が決まらなかったり、投票日のあとに当選人が亡くなったり、当選無効があって、繰り上げ当選をしても議員の定数に満たない場合は、**再選挙**が行われます。

　地方選挙は国会議員以外の私たちの代表者を選ぶ選挙です。都道府県を代表する都道府県知事、都道府県の議会議員、市区町村を代表する市区町村長、市区町村の議会議員の選挙があります。都道府県の議会議員と市区町村の議会議員になるには、一定の住所要件が定められています。なお、補欠選挙や再選挙は地方選挙でも行われます。

1章 | 今さら聞けない選挙の話

■衆議院議員選挙（定数465人）

小選挙区選挙	比例代表選挙
・選挙区は全国で289。 ・1つの選挙区の定数は1。	・全国を11のブロック（選挙区）に分けて行われる。 ・定数はブロックによって異なる。 ・政党その他の政治団体（以下「政党等」）は候補者の名簿を作り、選挙人は政党等の名称又はその略称を記入して投票。 ・立候補している政党等の得票数に応じ、名簿の順番に従って当選人の数を割り当てる。 ・定数は176。 ・なお、参議院議員選挙とは異なり、小選挙区との重複立候補が認められている。

■参議院議員選挙（定数248人）

選挙区選挙	比例代表選挙
・原則として各都道府県の区域を一つの選挙区とする。 ・「鳥取県・島根県」、「徳島県・高知県」についてはそれぞれ2県で1つの選挙区（「合区選挙区」という）となる。 ・定数は148で選挙区により異なる。	・全国を1つの選挙区として行う。 ・定数は100。 ・政党等は候補者の名簿を作る。 ・選挙人は「名簿登載者（候補者）の氏名」又は「政党等の名称」を記入して投票。 ・政党等の得票数（名簿登載者を記載した投票＋政党等の名称を記載した投票の合算）に応じ議席を割り当て、各政党等の名簿登載者の得票順により当選人を決定する。 ・なお、政党等は優先的に当選人としたい候補者をあらかじめ当選人となるべき順位を決めて名簿に登載することができる（特定枠制度）。

＞＞ 選挙の投票日は「選挙期日」が正式

　選挙の投票日は、正式には「選挙期日」といいます。一般的には「○○選挙の投票日は○月○日です」などの言い方で構いませんが、正式な書類などでは「選挙期日」とします。選挙期日は、議会や行政に空白の期間が起きないように一定の期間内に設定することが決められています。

　選挙期日を選挙人に示すことを「公示」又は「告示」と言います。衆議院議員総選挙と参議院議員通常選挙は、憲法で定められた天皇の国事行為として内閣の助言と承認によって選挙期日を定めて「公示」します。その他の選挙では、その選挙を管理する選挙管理委員会が選挙期日を定めて「告示」します。

■選挙期日	任期満了による選挙の場合	議会の解散による選挙の場合	その他の選挙
衆議院議員選挙 参議院議員選挙	任期満了日前30日以内 ※国政選挙の場合、任期満了による選挙を行うべき期間が国会開会中又は国会閉会後23日以内にかかる場合は、国会閉会後24日以後30日以内	解散の日から40日以内 ※国政選挙の場合、衆議院議員のみ	再選挙、補欠選挙は、基本的に4月と10月の年2回に統一
地方公共団体の議会の議員の選挙			欠員が生じたなどの事由発生の日から50日以内
地方公共団体の長の選挙			

■選挙期日を公示・告示する日		
衆議院議員の選挙	選挙期日の少なくとも	12日前
参議院議員の選挙		17日前
都道府県知事の選挙		17日前
都道府県議会議員の選挙		9日前
指定都市の長の選挙		14日前
指定都市の議会議員の選挙		9日前
指定都市以外の市区の選挙		7日前
町村の選挙		5日前

＞＞18歳以上のすべての国民が選挙権を持っています

　選挙権というのは、公職に就く者を選ぶ権利のことです。ここでいう「公職」とは、公職選挙法第3条に定めるものを指します。
　選挙権は公職の種類により次のように定められています（公職選挙法第9条）。
1．18歳以上の日本国民（衆議院議員及び参議院議員の選挙権）
2．18歳以上の日本国民で引き続き3か月以上市区町村の区域内に住所を有する者（市区町村の議会の議員及び長の選挙権）
3．18歳以上の日本国民でその属する市区町村を包括する都道府県の区域内の一の市区町村の区域内に引き続き3か月以上住所を有していたことがあり、かつ、その後も引き続き当該都道府県の区域内に住所を有する者（都道府県の議会の議員及び長の選挙権）

　なお、選挙権を行使する（投票する）ためには選挙人名簿に登録されている必要があります。そのため「選挙権はあるが投票はできない」ということが起こりえます。
　また近年の「地方議員の当選無効争訟」では、上記2・3の「住所要件」が争点とされることが多くなっています。

※上記のうち「区」は東京都の特別区を指します。

＞＞ 公職の種類により被選挙権を持つ条件は異なります

　被選挙権は、選挙によって選ばれて公職に就くことができる権利です。日本国民は一定の条件を満たせば選挙に立候補して公職の候補者となることができます。公職の種類によって条件は異なります（公職選挙法第10条）。

　なお、被選挙権の資格要件の年齢の基準日は選挙期日です。したがって立候補の届出日（通常の場合は公示日又は告示日）現在ではその年齢に達していない場合もあります。

■選挙の種類	立候補するための資格要件
衆議院議員	満25歳以上の日本国民であること
参議院議員	満30歳以上の日本国民であること
都道府県知事	満30歳以上の日本国民であること
都道府県議会議員	満25歳以上の日本国民で、その都道府県議会議員の選挙権を持っていること
市区町村長	満25歳以上の日本国民であること
市区町村議会議員	満25歳以上の日本国民で、その市区町村議会議員の選挙権を持っていること

>> 選挙権・被選挙権を有しない者

　選挙権・被選挙権は憲法で保障された国民の権利です。しかし、罪を犯しその刑が確定すると選挙権・被選挙権が停止されることがあります（公職選挙法第11条）。これを実務では「公民権の停止」といいます。それは次の6つです。

1. 禁錮※以上の刑に処され、その執行中である者
2. 禁錮※以上の刑に処され、その執行を受けることがなくなるまでの者（次の3～6の場合を除き、刑の執行猶予中の場合は選挙権を失いません）
3. 公職にある間に収賄罪等によって刑に処され、実刑期間経過後5年間（被選挙権は10年間）を経過していないか、刑の執行猶予中の者
4. 選挙に関する犯罪で禁錮※以上の刑に処せられ、その刑の執行猶予中の者
5. 公職選挙法に定める犯罪（一部を除く）により、選挙権、被選挙権が停止されている者
6. 政治資金規正法第28条に定める犯罪により、選挙権、被選挙権が停止されている者

※「禁錮」は令和7年6月1日以降は「拘禁刑」となります。

　選挙権・被選挙権は国民の権利であるため、その停止や回復事務については特に注意する必要があります。

≫ 近年の投票率は低いイメージがありませんか？

　近年の選挙の投票率は、たとえば令和6（2024）年10月に行われた第50回衆議院議員選挙は53.85％、令和4（2022）年7月に行われた第26回参議院議員選挙は52.05％となっています。

　この数値が低いのかどうか、すぐには判断がつかないかもしれません。選挙の仕組みや投票時間などの差はありますが、衆議院議員選挙では、昭和の頃には70％前後でした。平成になって以降、投票率は下がり、近年では60％を切る傾向にあります。ちなみに平成21（2009）年に衆議院議員選挙で69.28％を記録したのは、民主党による政権交代が起こったときです。

　参議院議員選挙の方が波はあるものの、おおむね同じような傾向です。地方選挙の場合、東京都で見ると、市区町村長選挙の投票率は平成3（1991）年以降、市区町村議会議員選挙の投票率は平成7（1995）年以降、50％を切っています。地域によっては30％台や20％台というところもあります。

　投票率が低いとどういうことが問題なのでしょうか。よりよい社会やよりよい暮らしは、人それぞれに捉え方が異なります。投票率が低いと、よりよい暮らしを求める国民や住民の多様な意見が選挙に反映されにくくなり、国や地方公共団体の政治が国民や住民の思いと離れていってしまう可能性が高まるといえるのではないでしょうか。

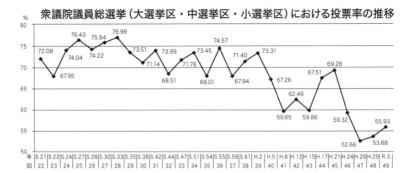

衆議院議員総選挙（大選挙区・中選挙区・小選挙区）における投票率の推移

注1　昭和38年は、投票時間が2時間延長され、午後8時までであった。
注2　昭和55年及び昭和61年は衆参同日選挙であった。
注3　平成8年より、小選挙区比例代表並立制が導入された。
注4　平成12年より、投票時間が2時間延長になり、午後8時までとなった。
注5　平成17年より、期日前投票制度が導入された。
注6　平成29年より、選挙権年齢が18歳以上へ引き下げられた。

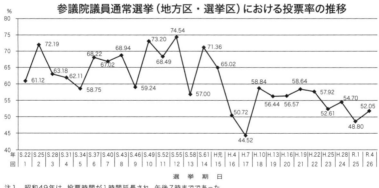

参議院議員通常選挙（地方区・選挙区）における投票率の推移

注1　昭和49年は、投票時間が1時間延長され、午後7時までであった。
注2　昭和55年及び昭和61年は衆参同日選挙であった。
注3　昭和58年より拘束名簿式比例代表制が導入された。
注4　平成10年より投票時間が2時間延長になり、午後8時までとなった。
注5　平成13年に比例代表制が非拘束名簿式に変更された。
注6　平成16年より、期日前投票制度が導入された。
注7　平成28年より、選挙権年齢が18歳以上へ引き下げられた。

（出典：総務省　https://www.soumu.go.jp/senkyo/senkyo_s/news/sonota/ritu/index.html）

> **Column** 世界の投票率って
> どうなっている!?

　世界に目を向けてみると、恒常的に投票率の高い国があります。たとえば、2022年11月にデンマークで行われた総選挙の投票率は84.2％、同じ年の9月に行われたスウェーデンの総選挙の投票率は81.3％でした。対して、日本でほぼ同じ時期である2022年に行われた参議院議員選挙は52.05％、2021年に行われた衆議院議員選挙は55.93％でした。

　議院の構成や選挙制度などに違いがあるので、単に投票率だけで比較するのは難しいところがありますが、投票率が高い国にはトルコやオーストラリアなど法律で投票に行くことが義務付けられている国もある一方、デンマークやスウェーデンにはそうした義務はありません。それなのにどうして投票率が高いのか、ちょっと考えてみることも必要かもしれません。

2章 | 選挙管理委員会っていったいどんなところ？

>> 選挙管理委員会は選挙のための常設の公的機関です

　選挙管理委員会は選挙を公正かつスムーズに行うため、選挙に関する事務を中心となって担う常設の公的機関です。中央選挙管理会、参議院合同選挙区選挙管理委員会、都道府県選挙管理委員会、市町村選挙管理委員会、特別区選挙管理委員会、指定都市の区選挙管理委員会があります。表のように選挙の種類に応じて、それぞれの選挙に関する事務を管理します。

　これ以降、本書では主に市区町村選挙管理委員会及びその事務局について話を進めていきます。

2章 | 選挙管理委員会っていったいどんなところ？

■選挙の種類	■選挙管理機関		
	中心となる機関	委員数・任期	関係機関
衆議院比例代表選挙	中央選挙管理会	5人・3年	左の選挙・審査について、都道府県選挙管理委員会、市区町村選挙管理委員会に助言、勧告をする
参議院比例代表選挙			
最高裁判所裁判官国民審査			
衆議院小選挙区選挙	都道府県選挙管理委員会	4人・4年	市区町村選挙管理委員会
参議院選挙区選挙[※1]			
都道府県議会議員選挙			
都道府県知事選挙			
市町村議会議員選挙	市町村選挙管理委員会	4人・4年	－
市町村長選挙			
特別区議会議員選挙	特別区選挙管理委員会	4人・4年	－
特別区長選挙			
指定都市議会議員選挙[※2]	指定都市選挙管理委員会	4人・4年	指定都市の区選挙管理委員会
指定都市市長選挙[※2]			

※1 参議院選挙区選挙では、2の都道府県の区域により構成される参議院選挙区選挙の選挙区（合同選挙区）については、参議院合同選挙区選挙管理委員会が中心となります。参議院合同選挙区選挙管理委員会は、合同選挙区のみに設置され、合同する選挙区の都道府県選挙管理委員会の8人の委員の合議制です。

※2 指定都市の議会議員選挙と市長選挙では、指定都市の選挙管理委員会が事務を管理します。指定都市の区選挙管理委員会は、指定都市の選挙のほかすべての選挙について選挙人名簿の調製、投開票など、市町村と同様の事務を担当します。

＞＞ 選挙管理委員ってどんな人がなるのでしょうか

　中央選挙管理会は総務省の附属機関です。委員の人数は5人、国会議員以外で参議院議員の被選挙権を持つ人の中から国会が指名し、内閣総理大臣によって任命。委員長は委員の中から互選されます。

　都道府県や市区町村の選挙管理委員会の委員の人数は4人、その選挙管理委員会が管理する区域の中に住所がある人のうち、その地方公共団体の議会の議員及び長の選挙権を持っていて、人格が高潔で、政治や選挙について公正な意見を持っている人の中から、それぞれの議会で選ばれます。同一の政党・政治団体に所属する人は2人が同時に選挙管理委員になることはできません。また、欠員が生じた場合に備えて補充員を4人選んでおきます。委員の中から互選で委員長を選び、欠員が生じたときは委員長が補充員の中から補充します。

　なお、選挙管理委員会は、必要に応じて3人以上の委員の出席で開催されます。

＞＞ 選挙管理委員会事務局が補佐役として実務を行います

　選挙管理委員会は、選挙を公正かつスムーズに行うための機関です。選挙の執行に関わる事務の一切を行います。国政選挙や、統一地方選挙のように選挙期日が決まっているもの以外の選挙期日を決定するのも選挙管理委員会の役目です。

　また、投票所や開票所、ポスター掲示場の確保、投票用紙をはじめとする備品の調達、立候補の受付、投票所入場券の準備や発送、選挙公報の作成・印刷・配布、そして投票や開票の事務など、ざっと

挙げただけでも、選挙の執行に関わる事務はたくさんあります（選挙の執行についてはP.52）。

そして、選挙がないときもいろいろなことをしなくてはなりません。選挙を行うための基本となる選挙人名簿の定時登録（P.38）や選挙人名簿の抄本の閲覧（P.38）、またさまざまな機会を通じた選挙人の意識向上のための働きかけ（選挙啓発／P.42）や投票方法、選挙違反について必要なことを周知することなども大切な仕事です。

このように選挙管理委員会が行うべきことは、実に多岐にわたっているのです。とても選挙管理委員会の委員たちだけで請け負えるものではありません。そこで、これらの実務を担うのが選挙管理委員会の事務局というわけです。

>> 事務局は大所帯から少数精鋭部隊までさまざまです

選挙管理委員会事務局は事務局長を筆頭に、業務にあたります。10人以上の大所帯のところもあれば、2〜3人程度の少数精鋭のところもあり、市区町村の人口規模などにより、事務局の人数構成はさまざまです。ただし、人数が多くても少なくてもやるべきことは同じ。それなら人数が多いほうが仕事を分担できるし、専門性を高められるからいいのでは？と思う人もいるかもしれません。それはその通りかもしれません。でも人数が少なければ、必然的に1人で複数のことを行うこととなり、全体像やそれぞれの仕事の関わり方を捉えやすいともいえます。

実際にどちらがよいとはいえませんが、人数が多い事務局にいる場合は「人数が少ない方が複数の分野を担当するだろうから、もっと全

体の流れが把握できて業務を俯瞰して見られるようになりそうだなぁ」と思うかもしれません。一方、人数が少ない事務局にいる場合は、「人数が多ければ、どこかのジャンルを深掘りする時間が持てて、専門的に知識を深められるのになぁ」と思うかもしれません。でも、それは"隣の芝生は青く見える"だけかも。

　選挙が執行されない時期をうまく活用して、自分で調べたり、先輩や上司に教えてもらったりして、自分なりに業務の質を高めていくことはできるのではないでしょうか。また、P.46でもご紹介していますが、他の選挙管理委員会の人と話ができるようになると、お互いの事務局での仕事の仕方などを話し合うことで、"いいとこ取り"をしあえるかもしれません。お互いの経験を伝え合うことで、"経験値が2倍"とまではいかなくても、"知識は2倍"となり、選挙管理委員会の業務に対する理解が深まるでしょう。話ができる選挙管理委員会の数が増えれば、さらにそのパワーはアップするといえます。

　選挙管理委員会事務局の具体的な仕事についてはP.34からご紹介します。

＞＞ 選挙管理委員会の委員と事務局の関係ってどんなものなのでしょうか

　選挙管理委員会事務局の職員は、選挙管理委員会のサポート役です。公正な選挙を行うため、お互いの考えをしっかり口にできるような関係性を築いていくことが大切だといえるでしょう。

　ただ、選挙管理委員会事務局の職員の多くは、日々仕事をするために出勤しますが、選挙管理委員が役所に来るのは主に選挙管理委員会が開催されるときだけです。選挙管理委員会の開催回数は地方公共団体などによって異なり、年4回の選挙人名簿の定時登録（P.38）のときだけというところもあれば、毎月定期的に開催するところもあります。顔を合わせる回数と親しみ度は、多くの場合、比例します。選挙管理委員会の開催頻度だけでなく、事務局員として勤務する年数によっても違うかもしれません。それぞれ事情があると思いますが、自分なりに親しく会話をできるようになる工夫をした上で「事務局は委員の皆さまを適切にサポートしていきます」という姿勢で応対していくのがよいのではないかと思います。

　ただし気をつけたいのは、親しみは馴れ合いとは違うということです。きちんと一線をひき、選挙管理委員の方々に対する一定の敬意が必要であることを忘れないようにしましょう。

　また、選挙管理委員会は選挙事務を専門的に行う機関ですが、委員の方々の選挙に関する知識は人それぞれのようです。選挙管理委員から選挙に関することを質問されることもよくあります。

　「選挙ポスターが貼られていない掲示場も見られるけど、そもそも掲示場はあんなにたくさん必要なのかな」、「選挙カーの苦情をちら

ほら聞くけど、音量制限とかできないのかな」など、市民目線の疑問を投げかけられることもあれば、「ポスターの隅が破られていたようだけど、選挙違反にならないのかな」など公職選挙法を理解した上での指摘もあります。

　質問や指摘の趣旨や、質問者の理解度はさまざまではありますが、どのような時でも誠意をもって真摯な気持ちと態度で応対するようにしましょう。

> Column
>
> ## 選挙管理委員とは
> ## いい関係を築きたい
>
> 　選挙管理委員会で仕事を始めたばかりだと、選挙管理委員は近寄り難いとか、わからないことを聞かれたらどうしようなどと思い、なんとなく距離を置いてしまうかもしれません。でも、しっかり物事を伝え、意見などを言うことができ、相手からも質問をしてもらいやすい関係を作ることは、事務局の仕事をするうえで重要なポイントです。
>
> 　どんな質問にも直ちにきちんと答えなければいけないと気負いすぎず、もしもわからないことを聞かれたら、「調べてお伝えします！」でよいのです。また、事務局の人数や体制などにより異なりますが、会議などに参加できる機会があれば、積極的に参加しましょう。会議の議案以外でも言葉を交わして、コミュニケーションを取るようにするのがおすすめです。

≫ 選挙管理委員会にはこんな人がやってきます

　選挙管理委員会には、さまざまな人がやってきたり、問い合わせがあったりします。

　おおむね、選挙が行われないときには、海外に転出される方などが転出先で投票をする（在外投票／P.64）ための「選挙人名簿の登録移転申請」に来たり、郵便等で不在者投票（P.63）したい方が郵便等投票証明書の申請に来たりします。次の選挙に立候補しようとする人から選挙運動についての問い合わせがあることも。現職の議員がふらっと立ち寄って世間話のように公職選挙法に関する質問をしてくることもあります。

　選挙の期間中は、候補者が届出に来たり、関係者から選挙運動についてのさまざまな質問が寄せられたりします。また、転入や転出をしたのでどこで投票できるのかという質問や入場整理券や選挙公報が届かないなどの問い合わせもあります。選挙カーの音がうるさい、投票所が遠い、候補者の政治活動用のポスターが撤去されていないなどの苦情が来ることも少なくありません。

　また、ほかの地域で選挙が行われているときに、その選挙運動の様子をニュースなどで見聞きした有権者から意見や質問の電話がくることもあります。

　どのような場合においても手続きや質問への回答は、正確に行われなければなりません。基準にすべきは公職選挙法です。質問にはしっかり答えなければなりませんが、あいまいなことを言ったり、自分の思い込みで話したりしてはいけません。どう答えてよいかわからないときは、回答を保留し、上司や同僚などに確認の上、確実なものにしてから答えましょう。

>> 議員さんもよくやってきます

　前段でも少し触れましたが、選挙管理委員会には選挙のときだけでなく、普段から議員が顔を出すことが少なくありません。政治活動で必要な立札や看板などに貼付する証票の申請などを受け付けていることもありますが、「ちょっと相談があるのだけれども」と政治活動や今後の選挙運動に関する相談を持ち込まれることもあります。

　議員は選挙で選ばれた、地域を代表する人。彼らの政治活動や選挙運動が法令に基づいて正しく行われるようにしていくのも選挙管理委員会の仕事といえます。もちろん、特定の個人や政党などに偏ることは許されません。公平・公正に対応することが大切です。

> **Column** 　　何事も傾聴して、
> 　　　否定せずにまずは肯定
>
> 　窓口や電話での問い合わせや意見には、いろいろなものがあります。承服しかねることもあるかもしれません。でもまずは傾聴を心がけ、何を問題だと思っているのかを明らかにしましょう。そのうえで法令や制度などを正しい知識に基づいて説明をしていくことで、角を立てずに理解してもらう方向に進められると思います。
>
> 　そして問い合わせや意見は、いつ、だれが、何を求めてきたのか、そして、いつ、だれが、どのように対応したかなどを記録に残し、事務局全体で共有しましょう。また、後日対応したら追記していくようにしましょう。今後、同様の問い合わせがあった場合の貴重な資料ですので、どんな回答も言いっぱなしにしてはいけません。

> **Column** ## 選挙管理委員会は取り締まり機関ではない

　有権者から、「あれって選挙違反なんじゃない？」などの質問を受けることもあります。一瞬「そうかもしれない」と思っても、軽々に「そうですね」と言ってはいけません。仮に選挙違反の事例集に同じような事例が載っていたとしても、事例集には書いていないさまざまな状況を勘案して個別に判断が下されているので、一概に断定はできないのです。加えて、選挙管理委員会には違反かどうかを判断して取り締まる権限はありません。それを行うのは警察です。選挙運動に関する選挙管理委員会の持つ権限は、公職選挙法上違反となるポスター等の撤去命令に限られます。そのような質問には、明らかな場合を除き、権限がないことを説明して明言を避けることが賢明です。

2章 | 選挙管理委員会っていったいどんなところ？

> **Column**
>
> ### 判断ができないことを聞かれたときこそチャンス！
>
> 　有権者などから質問を受け、どう答えてよいかわからないときこそ、知識を広げたり深めたりするチャンスです。上司や先輩に聞くのは手っ取り早い方法ですが、まずは調べて自分なりの答えを見つけてから聞くことをおすすめします。
>
> 　自分の答えと上司や先輩の答えを比べ、合っているかどうかだけではなく、なぜそういう結論になるかも確認するとより理解が深まります。「そんなこと聞かれてもわからない…」と思うよりも、「チャンス到来！」と捉えるほうが前向きに仕事に取り組めると思いませんか。

3章 選挙管理委員会事務局での仕事スタート

＞＞ 選挙管理委員会事務局の1年のスケジュールの一例
（選挙のある年）

　選挙が執行される年の1年のスケジュールの一例をご紹介します。下の表は新宿区選挙管理委員会の事例で、令和4年11月に新宿区長選挙を執行したときのものです。

　選挙期日がいつなのか、何の選挙なのか、選挙管理委員会でどのような取り組みを行っているかなどにより内容は異なる部分もありますが、参考までにご覧ください。

■令和3年9月頃～
新宿区長選挙の予算案作成
→・候補者数の想定、ポスター掲示場の面数の想定、選挙公報のページ数の想定
　・仮の選挙日程の想定（任期満了日と区議会日程などを勘案して想定する）
　・選挙時啓発案の作成
　・各種見積書の徴取
■令和4年4月頃～8月頃に行った事項
選挙日程（選挙期日）を選挙管理委員会で議決
→・投票所や開票所の使用予約（内諾）
　・イベントや模擬選挙授業等での投票日周知や投票参加の

呼びかけ開始
　　・ポスター掲示場設置場所の現場確認
　　・ポスター掲示場設置場所の施設所有者（管理者）等への使用承諾徴取
　　・各種契約の入札
■令和4年8月頃〜10月末に行った事項
　「選挙執行計画」を選挙管理委員会で議決
　→・各所属への投開票事務・期日前投票事務の動員依頼
　　・投票管理者選任準備・投票立会人選任準備（明るい選挙推進委員への依頼など）
　　・個人演説会事務の調整（教育委員会事務局及び区立小中学校など）
　　・立候補予定者説明会の周知（区広報紙や選挙管理委員会ホームページ）
　　・立候補届出書類や各種手引（立候補・公費負担・収支報告・選挙公報作成）準備
　　・立候補予定者説明会の開催
　　・立候補予定者の事前審査（立候補届出書類及び公費負担関係書類）
　　・用紙交付機や投票用紙自動読取機、計数機の業者点検
　　・投票管理者打合せ会の開催
　　・投票・開票・期日前投票事務従事者説明会の開催
　　・警察署・郵便局との事務打合せ会の開催
　　・不在者投票指定施設との事務打合せ会の開催
■令和4年11月
　　・選挙時登録（告示日前日）
　　・立候補受付のリハーサル（告示日前日）

- 立候補受付
- 候補者の身分照会
- 各種告示（選挙期日の告示、投票所の告示、開票と選挙会の合同の告示他）
- 候補者氏名等掲示順のくじ
- 選挙公報の掲載順のくじ
- 選挙公報の印刷（以上の項目、告示日）
- 期日前投票・不在者投票開始（告示日の翌日）
- 郵便等による不在者投票締切（選挙期日4日前）
- 選挙立会人届出締切（選挙期日3日前）
- 選挙立会人の決定及び選任の議決（選挙期日3日前）
- 選挙立会人説明会（選挙期日2日前）
- 期日前投票・不在者投票最終日（選挙期日1日前）
- 当日有権者数の確定
- 投票・開票（選挙会）（選挙期日）
- 当選人の告示（選挙期日翌日）
- 当選の告知及び当選証書の付与（選挙期日翌々日）
- 当選証書付与の東京都選挙管理委員会への報告（選挙期日翌々日）
- 選挙運動収支報告書の第1回提出締切（選挙期日の14日後）
- 選挙の効力に関する異議申出締切（選挙期日の14日後）
- 当選の効力に関する異議申出締切（当選告示の14日後）

■令和4年12月以降
- 公費負担関係の支出事務
- 各種支払事務
- 『選挙の記録』作成

＞＞ 選挙人名簿は選挙の基本の「キ」！

　選挙を執行するために必要なものはたくさんありますが、第一に挙げられるのは選挙人名簿です。

　選挙人名簿は、市区町村の選挙管理委員会が選挙権を持つ人を調査して登録したものです。管理も選挙管理委員会が行います。この選挙人名簿はすべての選挙で用います。

　選挙人（＝有権者）が住所を移動すると、一定の条件のもとで移動先の住まいのある場所の選挙人名簿に書き換えられます。投票が行われる場所の選挙人名簿に載っていないと、投票することができません。死亡などの場合は登録が抹消されます。また、選挙権が停止されているときはそのことも表示されます。

　つまり、選挙が執行されるときにその選挙で投票できる人がまとめられているのが選挙人名簿です。どういう基準で登録されるのか、どんなときに登録の変更が行われるのかなどは、必ず関係条文を確認して行いましょう。

　また、選挙人名簿の登録と抹消は選挙管理委員会の議決を得なければならないため、事前に起案するなどの手順があることも覚えておきましょう。

● **選挙人名簿の登録は定時と選挙のときに行われます**

　選挙人名簿に登録されるのは、18歳以上の日本国民で、その市区町村の住民票が作られた日（他の市区町村から転入した場合は、転入届を出した日）から3か月以上、その市区町村の住民基本台帳に記録がある人です（公職選挙法第11条に該当する者を除く）。

　選挙人名簿は3月・6月・9月・12月の毎年4回、各月の1日現在を基準日・登録日として登録します。これを定時登録といいます。なお、定時登録は登録月の1日が地方公共団体の休日に当たる場合は、あらかじめ告示のうえ次の開庁日に延期することができます。

　そのほかに、選挙が行われるときは選挙時登録が行われます。選挙時登録の基準日・登録日はその選挙を管理する選挙管理委員会が決定することとされています。通常公示日又は告示日の前日を基準日・登録日として行われます。

● **選挙人名簿の登録の抹消も適切に行う必要があります**

　選挙人名簿に登録されている人が次の事項にあてはまる場合には、市区町村の選挙管理委員会は議決のうえ登録を抹消します。
1. 死亡したこと又は日本国籍を失ったことを知ったとき
2. その市区町村の区域内に住所を有しなくなった日から4か月を経過するに至ったとき
3. 在外選挙人名簿に登録を移転したとき
4. 登録されるべきではなかったことを知ったとき

● **選挙人名簿の閲覧は認められています**

　市区町村の選挙管理委員会は、次に挙げる場合に限り、申出があれば名簿の抄本を閲覧させなければなりません。

・選挙人名簿の登録の有無を確認するため
・公職の候補者や政党その他の政治団体が、政治活動（選挙運動を含む）を行うため
・公益性が高いと認められる政治や選挙に関連する調査研究を行うため

　選挙人名簿の閲覧を希望する者は、あらかじめ「閲覧申出書」を選挙管理委員会に提出しなければなりません。また、実際に閲覧する者は「本人を確認できる顔写真付きの身分証明書」を提示しなければなりません。その他に、それぞれの場合に応じて、公職の候補者であること・政党その他の政治団体であることを示す資料や調査研究の概要などを示す資料などが必要となります。
　つまり、閲覧できるといっても、だれでも、どんな目的でも見てよい、というわけではないのです。市区町村の選挙管理委員会は閲覧によって知り得たことが不当な目的に使用される恐れがあるなどと考えられる場合には閲覧を拒否することができます。また、閲覧をした人の氏名や閲覧の範囲、閲覧の目的などは少なくとも年に1回、公表することになっています。
　なお、選挙期日の公示又は告示の日から選挙期日の5日後までの間は原則として閲覧できません。
　以前は、定時登録のあと間違いがないかを選挙人が確認する縦覧制度もありましたが、平成18（2006）年に廃止され、個人情報保護に配慮した規定が整備されている閲覧制度に一本化されました。

> Column
>
> ## 外国に住んでいる人は
> ## 投票できないの？
>
> 　できます！日本国籍を持っていて海外に住んでいる人でも、在外選挙人名簿に登録されれば、国政選挙（衆議院議員選挙と参議院議員選挙）と最高裁判所裁判官国民審査には海外から投票することができます（在外投票／P.64）。でも、残念ながら、都道府県や市区町村の議員や長を選ぶ選挙には投票できません。
>
> 　ちなみに、令和4（2022）年7月10日に行われた第26回参議院議員選挙では、総務省の速報値によれば、在外選挙人名簿の登録者数は99,356人で、選挙区選挙の投票率は21.91％、比例代表選挙の投票率は22.04％でした。

> **Column**
>
> ## 運営するための手引など、一から作り直すと全体把握が進む
>
> 　どこの選挙管理委員会でも、投票所や開票所を運営するための手引（マニュアル）を作成しています。ほとんどがパソコンのソフトを使って作っていて、どの選挙をするのかにより、投票所内の設備の設営や投票についての注意事項などが変わるくらいで、おおむね前回のものを継続して使うことができます。そのため、すでにある手引（マニュアル）を変更するところだけ修正すれば、どの選挙でも使用できると思います。
>
> 　でも、選挙管理委員会の初心者には、一から作り直すことをおすすめします。なぜなら一から文字を打ち直し、図なども作り直していくと、投票や開票に関する事務の全体像や流れなどがよく頭に入るからです。初めて取り組むからこそ、ブラッシュアップ可能なところが見えてくるかもしれません。さらに、ほかの選挙管理委員会の手引（マニュアル）と比較すると、より成果があがるかも。もちろん修正する場合は、上司の確認と同意を得てからになりますが、この作業は決してムダにはならないはずです。
>
> 　もし、機会があり、時間があるなら、「勉強のために作らせてください」とお願いしてみてはどうでしょうか。

＞＞ 選挙が行われないときもいろいろな仕事があります

　選挙が行われないとき(＝平時)の業務をざっと挙げると、次のようなことがあります。
1. 委員会の開催
2. 選挙人名簿の定時登録・抹消、在外選挙人名簿の登録・抹消
3. 啓発事業
4. 検察審査員候補者、裁判員候補者の名簿作成
5. 選挙専門研修、局内研修
6. 予算管理・執行、予算案作成
7. 他市区町村の選挙人の不在者投票受付

　平時は、解散による選挙などがない限り、例年スケジュール通りに進みます。
　選挙管理委員会の1つの大きな特徴は、予算を立て、執行し、決算まで行うことです。選挙管理という大きなプロジェクト全体を見渡すことができる仕事で、ほかの部署ではなかなか経験できないことかもしれません。

● **選挙啓発も大切な業務です**
　選挙人名簿の登録などの業務は、公職選挙法で決められている通りに行いますが、啓発事業は自由な発想に基づいて行うことができます。
　過去の啓発事業の内容やその効果などを調べて、より効果のある方法を考えて行っていくことが可能です。これまでに行われた選挙啓発事業の例を挙げると、次のようなものがあります。
・町のお祭りやイベントなどでの啓発

- 街頭での啓発資材（チラシやティッシュなど）の配布
- 18歳となる新有権者へ投票の流れなどを記載したパンフレットの送付
- 若年層向けの啓発冊子の配布
- 小、中、高校での出前授業

　特に、今後有権者となる世代を含めて、若い世代への啓発が多いのが近年の特徴といえるかもしれません。アイデア次第でYouTubeやインスタグラム、Xなどを活用して幅広く展開することも可能です。

● **出前授業は未来の有権者に働きかけるものです**
　多くの選挙管理委員会では、将来、有権者となる児童、生徒たちに政治への意識を高めてもらい、投票行動に結びつけるため、小学校、中学校、高等学校で体験型の出前授業を行っています。内容はさまざまですが、投票・開票の流れや選挙における1票の大切さ、候補者の選び方、選挙の重要性などについて理解してもらえるように進めることが多いようです。
　ある地方公共団体では、選挙の歴史や仕組みを説明したうえで、ひとつの選挙を想定し、立候補者役となった人が演説をし、模擬投票、開票作業まで行ったこともあります。また、総務省では学習教材などを揃えているので、一度目を通しておくとよいでしょう。
（参照：総務省 https://www.soumu.go.jp/senkyo/senkyo_s/news/senkyo/senkyo_nenrei/01.html）

● **局内研修や実務研修には積極的に参加しましょう**

　多くの選挙管理委員会では、局内研修が行われます。選挙を経験した職員から実務における公職選挙法の解釈や考え方などについて説明を聞いたり、質問をしたりできます。また、意外に思うかもしれませんが、選挙管理委員会は他の都道府県や市区町村の選挙管理委員会とのつながりが深い面があり、「公正な選挙」を行うために公職選挙法の捉え方や実務への活かし方などをブラッシュアップし、共有するためなどの目的で、研修会が行われます。都道府県が主体となって行う研修や、市区町村が合同で開催する研修などがあります。また、都道府県の垣根を超えて参加できる勉強会などもあります。

　公職選挙法の理解はとても大事なことですが、座学より実務を通したほうが理解しやすい面もあります。そこで、たとえば近隣の市区町村で選挙が執行されるときに、実務研修として選挙執行現場で一定期間、何をしているかを直接体験することができると、かなり理解が進むと思います。選挙管理委員会は知識が必要な部署ですが、選挙を執行するうえで、現場経験も重要な要素なので、1つでも多くの経験を積むことが自分自身のためになります。

　実際に執行される選挙の数はそれほど多くありません。国政選挙でいえば、衆議院議員選挙は解散の場合を除けば4年に一度、解散を加味してもおおよそ2.5年から3年に一度、参議院議員選挙は3年毎に半数改選、地方選挙は4年に一度です。選挙執行に携わるのは多くても年1回程度というイメージになります。ですから、可能な限り他の地方公共団体の選挙で経験を積むことはとても重要です。プラス1回の経験は、「わずか1回、されど1回」です。そして、他の選挙管理委員会の事務や執行方法を勉強に行くことで新たな発見をすること

もあります。他の市区町村へ実務研修に行くチャンスがあれば、ぜひ積極的に参加してください。

　もう1つ、他の選挙管理委員会に行く意味があります。選挙管理委員会が達成しなければならない事務はどこも同じですが、結果に至るまでの経過が異なることもあり、自分たちのやり方と比較することができるのです。自分なりに相違点を見つけたり、先輩と同行して教えてもらうことも経験値を高めることになります。

> **Column** 自分の所属する事務局以外の
> 人と交流を持とう
>
> 　研修会があるといっても、知識も経験もまだまだなのに参加するのは気が引ける、と思う人もいるかもしれません。でも、選挙の実務に関わるようになると、公職選挙法の解釈をはじめとして、何かにつけ、いろいろな意見が聞きたくなります。自分の所属する事務局内での意見交換はもちろん大切です。しかし、大規模な事務局でない場合、経験年数の差が大きい場合が多く、経験年数が少ない者とそうでない者が同じ目線で語りあうのはなかなか難しい面があります。
>
> 　そこで、外部の研修会に参加して、選挙管理委員会での経験が同じくらいか少し先輩と知り合うことをおすすめします。どんな研修会でも、参加できるチャンスがあれば逃さないでください。そして、参加したら必ず名刺交換をして、交流できるベース作りをしましょう。
>
> 　もちろん、経験豊富な先輩とのつながりも大切。たとえば、判例を探していて自分ではなかなか調べがつかないときに相談すると、「判例集○○頁で○○県の○年の例を見るといいよ」などのアドバイスがもらえたりします。どの選挙管理委員会も「公平・公正な選挙の実施」という共通の目的を持っています。志を同じくする仲間として積極的に交流をするようにしましょう。

≫ 机の上に揃えるべきは、公職選挙法、逐条解説、ポケット判例です

　選挙のない平時は、基本となる公職選挙法を勉強するときです。公職選挙法は難解という声も多く、実践してみなければわからないことも少なくありませんが、まずは読んでみましょう。

　ちょっと大変そうだ…と思うかもしれません。でも、選挙管理委員会で仕事をする以上、目を通さないわけにはいかないものです。少しずつでも読んで、慣れていくことが大切です。

　また、選挙管理委員会への問い合わせに対する回答で一番やってはいけないのは、「公職選挙法に書いてありますから」と条文などをそのまま伝えることです。それは、ある意味丸投げしているのと同じです。法の中身をちゃんと理解して、質問者が理解しやすいようにわかりやすく伝えるべきなのです。

　「公職選挙法」はいうまでもなく、選挙を行うための法律です。「逐条解説」は、公職選挙法の条文毎にその趣旨や実務上の運用などについて解説しているものです。「ポケット判例」は通称ですが、選挙関係の実例や判例をコンパクトにまとめたものです。選挙管理委員会に備えられていると思いますので、自分にとってわかりやすいもの、使いやすいものを選び、机上に常備することをおすすめします。

　すぐに、すべてに通じるようになるのは無理があります。そしてすべてを覚える必要はありません。まずは、少しずつ目を通して、条文などに慣れ、どんなことが決められているかを理解することから始めましょう。そして、知りたいことが出たときに、どこを見ればいいのかくらいがわかるようになれば大丈夫です。

＞＞ わからないことは放置せずに調べましょう

　選挙が行われるとき、投票所や開票所で事務などを手伝った経験のある人は多いと思います。でも、そのときは、必要な帳票類や機材、ほかの事務従事者なども選挙管理委員会がすべて手配したところで、事務に従事していたのではないでしょうか。今度は、その準備、選挙を公正に行うためのお膳立てを行う側になります。

　選挙の執行が決まってからのことは次の4章にまとめますが、選挙がないとき（＝平時）の準備も大切な仕事です。選挙管理委員会で仕事を始めると、いろいろなわからないことに直面すると思います。わからないことを放置するとますますわからないことが増えます。前述の「公職選挙法」や「逐条解説」、「ポケット判例」を開いたり、解説本を活用したり、他の選挙管理委員会に聞いてみたりするのもよいでしょう。

　上司や先輩に聞く前に、まずは自分で調べるクセをつけましょう。

3章 | 選挙管理委員会事務局での仕事スタート

> **Column**　　　**解説書や雑誌を活用しよう！**
>
> 　選挙は全国で行われ、選挙管理委員会に携わる職員は多数います。その誰もが最初から公職選挙法に詳しいわけではありません。でも、仕事をする上で公職選挙法の理解は必須です。そこで、さまざまな解説書が出ています。18歳以上が選挙権を持つようになったことから、高校生などの若い世代に向けたわかりやすい本もありますし、よくある疑問点についてＱ＆Ａ式で掲載している解説本などもあります。選挙管理委員会にも備えられていると思いますが、さまざまな本を手に入れて見比べていくと、より理解が進みやすいかもしれません。
>
> 　その他にも、全国市区選挙管理委員会連合会や都道府県選挙管理委員会連合会、公益財団法人明るい選挙推進協会が発行している雑誌類は、その時々のトピックスや選挙実務に役立つ記事が載っています。他の選挙管理委員会の事務の実例など参考になるので、ぜひ目を通しておきたいものです。

Column 選挙執行時、こんなこともできる！

　国政選挙や統一地方選挙の執行が重なっていない選挙のとき、近隣などの選挙管理委員会とタッグを組むことがあります。選挙を執行中の市区町村の選挙管理委員会は忙しいので、選挙の執行上で気になることがあっても子細に資料をあたる時間を捻出するのが大変です。たとえばそこで、交流のある、選挙が行われていない選挙管理委員会にバックヤードとなってもらいサポートをお願いするのです。選挙の執行にまい進しながら、調べるべきことが出てきたらバックヤードに、「調査をよろしく」と投げかけます。バックヤード側は判例集などで調べて、回答を返すというわけです。

　これはどちらにとっても得策な連携。選挙を執行中の選挙管理委員会は、時間の捻出に苦労せずにすみますし、バックヤード側の選挙管理委員会は、知識を深めたり、理解を広げたりする大きなチャンスです。

　異なる市区町村間でタッグが組めるとは、選挙管理委員会は、なかなかおもしろい組織です。

4章 | 選挙が決まったら何をする？

>> 選挙の執行が決まってから投開票後までの事務を紹介します

　選挙の執行が決まったら、段階的に準備などを進めなければいけません。それぞれの選挙管理委員会で実施記録があると思いますが、ここでは市区町村の選挙の場合の一例をご紹介します。
　選挙に関する事務は、選挙期日とその前後のおおむね3つの期間に分けて行われます。

選挙告示前	・選挙執行計画案の策定 ・選挙執行経費の算定 ・事務従事者の確保 ・諸告示、公告の日程調整と準備 ・選挙人名簿登録事務 ・ポスター掲示場の設置 ・候補者資料配布と資料の調製 ・関係機関との連絡協議 ・選挙用諸物品の発注購入、印刷発注 ・立候補受付準備 ・投票所入場券の発送準備 ・不在者投票用紙等の発送（郵送分）　など
告示日	
告示から選挙期日前日	・立候補届出受付 ・投票所、開票所の告示 ・期日前投票、不在者投票事務 ・選挙公報の印刷、配布　など

4章 | 選挙が決まったら何をする？

選挙期日	・投票事務 ・開票事務 ・当開票速報　など
選挙期日翌日以降	・選挙運動に関する費用の収支報告書の受理と公表 ・選挙運動費用の公費負担関係の支出事務 ・諸経費の精算 ・供託金の返還又は没収の手続き　など

> **Column**
>
> ## 選挙は突然やってくる…こともある！
>
> 　任期満了での選挙はいつ行われるかある程度わかっていますので、前の選挙を参考にしながら準備を1つ1つ進めていくことができます。
>
> 　でも、ときには予期せぬ解散や辞任によって、選挙が行われることもあります。多くの場合は選挙期日まで時間がありません。でも、日にちが少ないから準備が間に合わない！ということは、選挙ではありえません。必ず執行されなければならないのです。
>
> 　急に決まった選挙でも、行うべきことは、任期満了に伴う場合の選挙とほぼ同じです。とはいえ、限られた人数で、複数の事務処理を同時進行で行わなければならないので、大変なことに間違いはありません。その大変さをできるだけ軽減させるのが「普段からの備え」です。前例を参考にできることは準備をしておくことが大切なのです。選挙管理事務の新人としては、いざというときの混乱を避けるため、まずは、前例のチェックが肝心といえるでしょう。

＞＞ これまでの記録は情報の宝庫。最近の記録をチェックしましょう

　選挙を執行する場合、それまで問題が起こっていなければ、前例踏襲が基本といえます。

　どの選挙管理委員会でも、選挙毎に記録を残しています。いつどんなことをしたのか、何を決めたのか、予算はいくらだったのか、備品の発注先や発注数はどうだったのかなどが記録されているはずです。それぞれが公職選挙法のどこに基づくものなのかなども整理してあるかもしれません。その前例の記録をチェックしましょう。選挙管理事務の新人としては、選挙事務がどのようなものかを知るため、選挙の執行が決まってからではなく、平時によく目を通しておきたいものです。

　選挙は予算と決算があります。予算書を読んで、その選挙では何をするために、どんなものをどのくらい必要とするのか、見積額はどのくらいだったのかを確認し、決算書で実際の内容や金額、数量を見ます。支出項目には各選挙共通のものもあれば、その選挙だけで必要となったものもあります。いずれにしてもそれらをあらかじめ確認しておくことは次の選挙の執行に役立ちます。

　また、会議や打合せの日程、選挙管理委員会にかける議案、必要な契約などの起案日や入札日、物品購入の納品日などを押さえておくと業務の日程感を掴むことができます。

> **Column** 　　**前例踏襲は大切。**
> 　　**でも工夫できることもたくさんある**
>
> 　選挙は公職選挙法に則って執行されなければなりません。
> 　そう聞くと、なにもかもガチガチに決まっているのか、窮屈だなぁと思うかもしれません。半面、法律に守られている仕事だともいえるでしょう。このブレがないという点では、仕事がしやすい職場なのかもしれません。しかし、法律に則っているものの、実は工夫できることもあるのです。
> 　たとえば、投票所入場券に同封の投票所や期日前投票所の地図は本当にわかりやすいでしょうか。目印（ランドマーク）が変わっていないでしょうか。文字の色や大きさは読むのに適切でしょうか。投票所入場券の記載内容はわかりやすく、事務手続きがしやすいでしょうか。それから、投票所内の配置や表示。選挙人にわかりやすく、迷ったり間違いを起こしたりしないようになっているでしょうか。また、事務従事者にとって事務を行いやすいでしょうか。
> 　なんだ、そんなことかと思うかもしれません。でも、小さな改善で選挙人が投票に行きやすくなったり、投票所で戸惑いにくくなったり、事務従事者が仕事をしやすくなったりします。その結果、トラブルやミスの抑制につながります。
> 　また、選挙が終わったら必ず事務局全体で振り返りをしておくと、次の選挙での事務改善への道筋が見えてきます。
> 　前例踏襲で選挙を確実に運営することはもちろんですが、工夫できること、改善できることはないかという視点を持つことも大切なのです。

≫ 立候補の受付事務も選挙管理委員会の役割です

　公示・告示がなされると、立候補の受付が始まります。選挙に立候補するには、公職選挙法で決められた通りの届出をしなければなりません。立候補の届出方法や届出期間、届出に必要な書類などが定められています。立候補は選挙長に届出をします。選挙長は、その選挙の有権者の中から、選挙管理委員会によって選任され、立候補の届出の受理などを行います。また、開票後に当選人を決定する選挙会が置かれますが、この選挙会に関する事務を行うのも選挙長です。

　立候補の届出には次の3つの方法があります。

▲ 政党届出

　衆議院小選挙区選挙では、一定の要件を満たす政党が「候補者届出政党」として候補者を届け出ることができます。この「政党」の要件は公職選挙法で定められています（P.110）。

　また、衆議院比例代表選挙、参議院比例代表選挙では政党その他の政治団体（政党等）が行うことができます。これを「名簿届出政党等」といいます。この「政党等」の要件も公職選挙法で定められています。

　衆議院比例代表選挙では、政党等が所属の候補者の氏名や当選人になる順位を記載した名簿を届け出ます。当選順位が決められているので「拘束名簿方式」といいます。また、衆議院比例代表選挙では、小選挙区で立候補した候補者を重ねて比例代表選挙での候補者（名簿登載者）とすることができます。これを「重複立候補制度」といいます。小選挙区で落選した候補者が比例代表で当選することがあるのはこのためです。

　参議院比例代表選挙では、当選順位が決められていない名簿を提

出するので「非拘束名簿方式」といいます。なお、政党等は優先的に当選人としたい候補者をあらかじめ当選人となるべき順位を決めて名簿に登載することができます。これを「特定枠」といいます。

▲ 本人届出

候補者になろうとする本人が届け出る方法です。衆議院比例代表選挙、参議院比例代表選挙以外の選挙で行うことができます。

▲ 推薦届出

選挙人名簿に登録されている人が、候補者となる本人の承諾を得たうえで、「この人を候補者に」と届け出ます。衆議院比例代表選挙、参議院比例代表選挙以外の選挙で行うことができます。

● 立候補できない人もいます

選挙に立候補できないのは、年齢など立候補できる要件を満たさない人です。その他に被選挙権（P.17・18）がない人です。また、原則として1つの選挙に立候補している人は、同時にほかの選挙に立候補することができません（衆議院比例代表選挙の重複立候補者を除く）。

秘書や出納責任者など、候補者と一定の関係にある人が買収などの選挙違反で一定以上の刑に処せられた場合、原則としてその候補者は一定期間当該選挙に立候補できません。

投票管理者、開票管理者、選挙長、選挙分会長は、在職中、関係する区域内の選挙には立候補できません。また公務員は一部を除いて在職中は公職の選挙に立候補できません。立候補した場合は、立候補と同時に公務員を辞職したものとみなされます。

> **Column** 供託は何のため？
>
> 　立候補の届出をするときには、すべての選挙で、候補者毎に供託を行わなければなりません。現金又は国債証書を法務局に預け、届出のときに証明書を提出します。
>
> 　供託は、当選を争う意思がないのに、売名などを目的に無責任に立候補することを防ぐために設けられています。一定の得票数に至らなかったり、候補者が立候補の届出後に立候補を取りやめたり取り下げたりした場合には、供託物は没収され、国や都道府県、市区町村に納められます。詳しくは次ページの表をご参照ください。

4章 | 選挙が決まったら何をする?

選挙の種類	供託の額	供託物が没収される得票数、又は没収額
衆議院小選挙区選挙	300万円	得票数 有効投票総数×1／10未満
衆議院比例代表選挙	名簿登載者1人あたり600万円（重複立候補の場合は300万円）	没収額 供託額−（300万円×重複立候補者のうち小選挙区の当選者数＋600万円×比例代表の当選者数×2）
参議院選挙区選挙	300万円	得票数 有効投票総数÷その選挙区の議員定数×1／8未満
参議院比例代表選挙	名簿登載者1人あたり600万円	没収額 供託額−600万円×比例代表の当選者数×2
都道府県知事選挙	300万円	得票数 有効投票総数×1／10未満
都道府県議会議員選挙	60万円	得票数 有効投票総数÷その選挙区の議員定数×1／10未満
指定都市の市長選挙	240万円	得票数 有効投票総数×1／10未満
指定都市の市議会議員選挙	50万円	得票数 有効投票総数÷その選挙区の議員定数×1／10未満
その他の市の市長選挙、特別区の区長選挙	100万円	得票数 有効投票総数×1／10未満
その他の市の議会議員選挙、特別区の議会議員選挙	30万円	得票数 有効投票総数÷その選挙区の議員定数（選挙区がないときには議員の定数）×1／10未満
町村長選挙	50万円	得票数 有効投票総数×1／10未満
町村議会議員選挙	15万円	得票数 有効投票総数÷その選挙区の議員定数（選挙区がないときには議員の定数）×1／10未満

＞＞投票にはどんな種類があるのでしょうか

　投票はどの選挙でも１人１票です。選挙人は選挙の当日、投票所に行って投票するのが原則です。これは投票当日投票所投票主義といいます。ただ、当日投票所に行くことができない場合には、期日前投票や不在者投票などを行うことができます。

● **投票所は投票区毎に設けられます**
　投票所は１つの投票区毎に１つ設けられます。原則として市区町村の区域を投票区とするのですが、選挙人の利便性を考慮してその区域を分けて複数の投票区を設けるのが普通です。
　複数の投票所を設けている場合、必要に応じて共通投票所を設けることができます。投票は選挙人それぞれが属する投票区の投票所で行いますが、共通投票所ではいずれの投票所に属する選挙人でも投票することができます。駅の構内やショッピングセンター、駐車場が充実した施設など、選挙人にとって便利な場所が選ばれます。

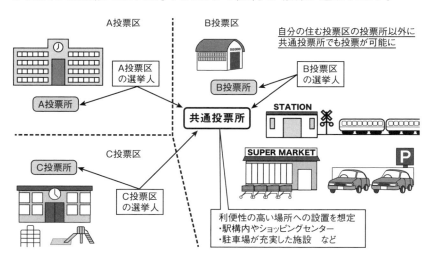

ただし、共通投票所を設けると、1人の選挙人が複数の投票所で投票することが可能になるので、二重投票を防ぐための措置が必要になります。

▲ 選挙期日（投票日当日）の投票

投票日当日、投票所は午前7時に開場して午後8時に閉鎖しますが、特別の事情がある場合は、それぞれの投票所で開場時間を2時間以内の範囲で早めたり、遅らせたり、閉鎖時間を4時間以内の範囲で早めることができます。共通投票所ではこの時間制限はなく、午前7時から午後8時の間で選挙管理委員会が決めることができます。

選挙人は、名簿対照係で投票所入場券などで選挙人名簿に登録があるかを確認したうえで、投票用紙を受け取り、投票用紙に記載して、投票箱に投函します。選挙人は投票後、すみやかに投票所から退出しなければなりません。

原則として投票所には選挙人しか入場できませんが、選挙人に同伴する18歳未満の子どもや、身体が不自由な選挙人の補助者や介助者は入場することができます。

▲ 期日前投票

投票日当日に仕事や旅行などのため、投票所に行けない選挙人は期日前投票を行うことができます。

期日前投票は、選挙の公示・告示の翌日から選挙期日の前日までの間に、期日前投票所で行います。期日前投票所は市区町村内に1か所以上設けることができ、投票できる時間は午前8時30分から午後8時までが基本です。複数の期日前投票所が設けられる場合は、投票期間や投票時間を投票所毎に設定することが可能です。

期日前投票所でも投票所入場券などで選挙人名簿を確認して投票しますが、投票日当日に投票所に行けない理由がある旨の「宣誓書」（通常は投票用紙を請求する旨の「請求書」と一緒の書式になっています）を提出しなければなりません。

▲不在者投票いろいろ
　選挙期間中に、仕事や旅行などのために、選挙人名簿に登録されているところではない地方公共団体に滞在している場合、「滞在地における不在者投票」という方法で投票することができます。事前に選挙人名簿の登録地の選挙管理委員会に不在者投票の「宣誓書（兼請求書）」を送り、返送された不在者投票一式（投票用紙、不在者投票用外封筒・内封筒、不在者投票証明書がセットになったもの）を滞在先の選挙管理委員会に持って行って投票します。記載済の不在者投票は、滞在先の選挙管理委員会が選挙人名簿登録地の選挙管理委員会に郵送します。

　また、都道府県の選挙管理委員会が指定した病院や老人ホームなどの施設に入院・入所している選挙人は、その病院・施設の中で不在者投票をすることができます。これを「指定施設における不在者投票」といいます。その場合、選挙人は病院長や施設長（実際には事務員等の職員）に「不在者投票をしたい」旨を伝えます。病院長や施設長は院内・施設内での希望を取りまとめてその選挙人の名簿登録地の選挙管理委員会に不在者投票を請求します。名簿登録地の選挙管理委員会から病院長・施設長あてに不在者投票が送られてきたら、選挙人は病院内・施設内で不在者投票をします。記載済の不在者投票は、病院長・施設長が選挙人名簿登録地の選挙管理委員会に郵

送します。なお、不在者投票の請求は「滞在地における不在者投票」と同様、入院・入所している選挙人が直接名簿登録地の選挙管理委員会に請求することもできます。

　一定の障害・等級の身体障害者手帳や戦傷病者手帳を持っている選挙人や介護保険の要介護状態区分が「要介護5」の認定を受けている選挙人が利用できるのが「郵便等による不在者投票」です。この制度を利用するためには、あらかじめ名簿登録地の選挙管理委員会に身体障害者手帳等を添えて「郵便等投票証明書」の交付を申請し、その交付を受けておく必要があります。選挙の際はこの証明書とともに投票用紙の請求書を選挙管理委員会に送り、不在者投票の交付を受けます。なお、この「郵便等による不在者投票」は投票用紙等に自書できる選挙人だけが利用できますが、視覚障害又は上肢機能障害の1級の認定を受けている選挙人については「郵便等による不在者投票の代理記載制度」を利用することができます。

　なお、期日前投票期間初日から投票日当日までに18歳になる選挙人が、投票日当日に投票所に行けない理由があるため期日前投票期間に投票を行いたい場合、投票しようとする日現在では選挙権がないため期日前投票を利用することができません。その場合は「名簿登録地における不在者投票」で投票することができます。

▲在外投票

　仕事や留学などのために海外に住んでいる人は、衆議院議員選挙・参議院議員選挙・最高裁判所裁判官国民審査について投票することができます。投票するためには、在外選挙人名簿への登録が必要です。

　在外選挙人名簿の登録を申請するのは、出国前に国外への転出届を提出したのちに市区町村の窓口で申請する方法（出国時申請）と、出国後に居住している地域を管轄する在外公館（大使館や領事館）に申請する方法（在外公館申請）があります。在外公館申請の場合、在外選挙人名簿に登録されるには、その管轄区域内に3か月以上継続して住んでいなければなりませんが、登録の申請はその前でも可能です。

　投票は、在外公館などの投票記載場所で行うこともできますし、選挙人名簿に登録されている選挙管理委員会に投票用紙を請求し、郵便等により送付して投票することもできます。

　選挙期間中に海外から一時帰国していたり、帰国からまもなくて国内の選挙人名簿に登録されていない場合は、「国内における在外投票」ができます。これは投票日当日の投票、期日前投票、滞在地における不在者投票のいずれでも可能ですが、投票の際はどの場合でも在外選挙人証の提示が必要です。

4章 | 選挙が決まったら何をする?

> **Column**　遠洋や南極からも投票できる
>
> 　船員が遠洋に航海中の場合、船舶に備えたファクシミリから投票することができます。これを洋上投票といいます。また、国が行う南極調査に従事している場合も同様にファクシミリから投票できます。これは「南極投票」といいます。どちらも、投票の対象は衆議院議員選挙と参議院議員選挙、最高裁判所裁判官国民審査だけです。

> **Column**　親の投票についていった
> ことのある人は投票行動を起こしやすい
>
> 　平成28（2016）年の公職選挙法の改正により、投票所内に同伴できる子どもの年齢が、「幼児」から「満18歳未満の子ども」に拡大されました。同じ年に総務省が行った調査によれば、子どもの頃に親の投票についていったことのある人は、ない人よりも投票に参加した人が多いということがわかりました。親が子どもと一緒に選挙に行くことで、子どもの選挙意識を高めて、将来の投票参加につながる可能性が高くなると考えられます。共通投票所がショッピングセンターなどに設けられていると、より親子で投票所に足を運ぶ機会が増えるかもしれません。

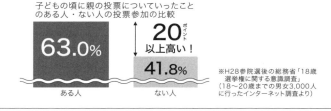

子どもの頃に親の投票についていったことのある人・ない人の投票参加の比較

ある人　63.0%
ない人　41.8%
20ポイント以上高い！

※H28参院選後の総務省「18歳選挙権に関する意識調査」（18～20歳までの男女3,000人に行ったインターネット調査より）

● 投票方法いろいろ

　投票は、投票日当日に決められた投票所（共通投票所を含む）に選挙人自らが行き、選挙人名簿との対照を受けて投票用紙を受け取り、候補者の氏名や政党等の名称を自ら記載することが原則です。

　この例外として、投票日当日の前に投票する期日前投票や不在者投票、心身の故障などで投票用紙に自書できない選挙人が利用する代理投票や点字投票があります。

　また、投票用紙に自書する代わりにあらかじめ候補者の氏名が印刷された投票用紙を使って○の記号を付ける記号式投票と、電子機器を使って投票する電磁的記録式投票は、都道府県や市区町村が条例を定めることにより採用することができます。ただし、不在者投票や点字投票（記号式投票の場合は期日前投票も）は紙の投票用紙を使います。

　代理投票は、けがや病気など心身の故障により選挙人自らが字を書けない場合、投票所の従事者2人を補助者として、選挙人に代わって投票用紙に記載（代筆）する方法です。この補助者になることができるのは投票所の従事者に限られており、選挙人の家族等から申出があっても代わることはできません。代理投票は「不在者投票」でも「在外投票」でも可能です。

　点字投票は、視覚に障害がある点字を理解する選挙人が、投票管理者にその旨を申し立てて利用することができる方法です。その場合、投票用紙は通常のものよりも厚手の用紙を使った「点字用投票用紙」を使います。なお、点字投票は「郵便等による不在者投票」と「在外投票」では利用できません。

> **Column**　　「父の代わりに私が」はNG
>
> 　代理投票というと、単に本人の代わりにほかの人が書くと考える人がいますが、高齢の親と子どもが一緒に来て、子どもが「父が自書できないので、私が代わりに書きます」というようなことはできません。また、障害などのある方が介助者と投票所に来たときなども同様です。
>
> 　代理投票ができるのは、投票事務従事者だけです。1人が選挙人の指示する通りに記載し、もう1人が立ち会います。なぜ、投票事務従事者が2人立ち会うのかというと、誰が誰に投票したのかがわからないような方法で選挙が行われなければならないという「投票の秘密」の原則に則ること、そして選挙人の投票に干渉すると罪に問われることからこれを排除するために、第三者が選挙人の指示通りに記載し、ほかの1人が投票に干渉していないか確認するという意味があります。

＞＞ 投票所入場券って必要なものなのでしょうか

　投票所入場券は、読んで字の如く、「投票所に入場」するためのものです。期日投票が行われる前に、選挙人に対して選挙が行われることや、選挙人が行く投票所の案内などが記載されています。
　また、投票所で選挙人名簿との対照をスムーズに行うための情報も記載されています。このため、投票所入場券を持ってきてもらうほうがよいのですが、投票所入場券がなくても、選挙人名簿に記載があれば投票はできます。その場合の本人確認の手段として、マイナンバーカードや運転免許証などを活用する地方公共団体もあるようです。

＞＞ 投票は決められた投票所でなければ投票できません

　投票所では、選挙人の本人確認のため選挙人名簿との対照をしたあとに投票用紙を交付します。この選挙人名簿は、投票区の区域毎に作成されて、各投票所にはその投票区の選挙人の分だけが備えられます。そのため、各投票所で本人かどうか名簿と対照できるのは、その投票区の選挙人だけなのです。このため、共通投票所が採用されている場合を除き、決められた投票所でしか投票できません。

>> 投票所にはどんな役割の人がいるのでしょう

　投票所ではさまざまな役割の人が連携して業務にあたります。

　投票事務の最高責任者は投票管理者です。投票所の開閉、投票用紙の交付、不在者投票の受理・不受理の決定、投票箱の開閉、投票録の作成、投票箱の送致などを行います。

　投票事務の執行に立ち会い、投票が公正に行われるように監視する役割を担うのが投票立会人です。投票所の開閉、投票開始前に投票箱に何も入っていないことの確認、選挙人名簿の対照、投票用紙の交付や投票箱の開閉などに立ち会い、投票箱を送致するときには投票管理者に同行します。また、「投票管理者が代理投票の補助者を選任するとき」や「投票管理者が、本人確認のとれない選挙人や二重投票のおそれがある選挙人に対し、投票の拒否をするとき」などの場合に投票管理者の求めに応じて、意見を言うことができます。

　投票管理者と投票立会人は、選挙毎に選挙管理委員会が選挙権を有する者の中から選任します。投票管理者は各投票所に1人、投票立会人は2〜5人が選任されます。

　実際に投票事務に従事するのは、場内案内係、受付・名簿対照係、投票用紙交付係などです。

　場内案内係は、選挙人が持参した投票所入場券を確認して、受付・名簿対照係に案内します。

　受付・名簿対照係は、投票所入場券を選挙人名簿と対照し、本人確認をして、投票用紙交付係に引き継ぎます。

　投票用紙交付係は投票用紙を交付します。

≫ 投票所の運営で大切なことを知っておきましょう

　投票所の運営でもっとも肝心なのは、公正に選挙が行われるように取り計らうことです。そして、選挙人の投票所への入場、選挙人名簿対照、投票用紙交付、記載、投函、投票所からの退場までがスムーズに行われることも大切です。ただし、スピード優先になってはいけません。1つ1つの手順をていねいに確実に行うことが、公正な選挙につながります。
　しかしながら、実際に何が起こるかわからないということも1つの真実ではあります。そこで、どんなことが起こるかを想定して、準備をしておくことが必要です。さまざまな「もしも」を考えることは、確実な準備のためにも役立ちます。
　前述の通り選挙の執行が決まってから「もしも」を想定して準備をするのでは時間的に無理がありますので、「もしも」を想定して備えるのは選挙のないとき（＝平時）がチャンス。これまでに全国の投票所で起こった問題などを参考に、対応策などを立てておきましょう。そして、選挙の執行が決まったら必要に応じて、投票管理者や投票立会人、投票所の事務従事者とも共有しましょう。

≫ 開票ってどのように行われるのでしょうか

　投票が終わり、投票所が閉鎖されると、投票箱は開票所に運ばれます。開票は選挙当日又は翌日に行われます。開票所は開票区毎に設けられます。開票区の区域は原則として市区町村の区域によります。
　開票所の最高責任者は、開票管理者です。開票事務が公正に、遅

滞なく行われているか、開票所内の秩序がしっかり保たれているかなどに常に気を配ります。また投票の有効・無効を決定するのも開票管理者の役割です。開票管理者は選挙毎に、市区町村の選挙管理委員会がその選挙の選挙権を有する人の中から選任します。

　投票所に投票立会人がいるように、開票所には開票立会人がいます。開票立会人は、その選挙の候補者（衆議院小選挙区選挙の場合は候補者届出政党及び候補者、比例代表選挙の場合は名簿届出政党等）が、選挙人名簿に登録されている選挙人の中から本人の承諾を得て、選挙管理委員会に1人を届け出ます。開票立会人は3人以上10人以内と定められています。11人以上の届出があった場合は市区町村の選挙管理委員会がくじで10人を決めます。もし、この10人の中に同じ政党等に属する候補者からの届出が3人以上いた場合、さらにくじを行い2人に決めます。

　開票立会人の届出が3人に達しないときは選挙管理委員会が、開票の開始時刻になっても開票立会人が開票所に参会しないときは開票管理者が、それぞれ開票立会人を選任します。

　開票管理者は、開票区内のすべての投票箱の到着を確認して、点検を行い、すべての投票箱を開けて投票用紙を混ぜ合わせます。投票用紙を記載されている内容で分類し、点検し、計数します。計数には自動読み取り分類機や計数機などを使用する場合もあります。実際には、これらの事務は選挙管理委員会から委嘱を受けた地方公共団体の職員やアルバイト、派遣職員が行います。

　計数が終わったら、各候補者（政党等）の得票数の朗読などが行われ、開票録を作成します。点検が終わった投票用紙は、有効・無効に区別して保管箱に入れ、開票管理者と開票立会人が封印をし、開

票所での作業は終了となります。その後、開票結果の報告をその選挙の選挙長に対して行い、あわせて開票録を送付します。

　開票所での作業終了のあとも選挙管理委員会では、当選人への当選告知、当選証書の付与、選挙運動に関する費用の収支報告書の受理と公表、諸経費の精算、供託金還付又は没収の手続きなどの事務手続きがありますが、投開票は一段落というところです。
　開票事務は確実に行うことが求められるため、あらかじめしっかり事務の分担をしておくことが必要です。一般的には次のような役割分担をするところが多いようです。

・開披、分類係
　投票用紙を開いて、有効票、無効票、疑問票に分類する。
・点検係
　分類された投票用紙に混入票がないかなどを確認する。
・審査係
　疑問票や無効票を審査する。
・計算係
　各候補者や政党等の得票数などを計算する。按分計算も行う。
・庶務、記録係
　筆記用具などの準備、参観人の受付、開票録の作成、選挙管理委員会との連絡などを行う。
・速報係
　決められた時刻毎に候補者別などの得票数を公表する。

> **Column**
>
> ## 手伝ってくれる方々にも公正さの徹底を
>
> 　投票所や開票所では、アルバイトの人などに仕事をしてもらうことがあります。
>
> 　どのような場合でも投票事務も開票事務も、しっかりと公正に行われなければなりません。一般的なアルバイトでは、ちょっとした問題を自分自身の裁量で判断して、うまく切り抜けることなどが評価されることもありますが、投開票事務ではそうはいきません。自分で判断して誤ったことを伝えたり、手順にない勝手な行動をとったりすると、公正な選挙が行われなくなる可能性があることをしっかり伝えましょう。ましてや、事務をしている間に知り得た個人情報などを外部に漏らしたりすることは、厳に謹んでもらわなければいけません。
>
> 　こうしたことを大前提としつつ、たとえば若い世代に手伝ってもらうことは、選挙の啓発という点でプラス材料になるとも考えられます。実際、投票所や開票所で働くことを通して、政治や選挙への関心を高めてもらうために学生のアルバイトを募集している地方公共団体もあります。

≫ 有効票と無効票

　日本の投票制度は、選挙人が投票用紙に自ら記載する「自書式」が中心です。みんなが正確に読みやすく候補者名などを書いてくれればよいのですが、中には開票の際に判断に困るような投票もあります。

　公職選挙法第67条は開票の場合の投票の効力の決定について、「その決定に当っては、第68条の規定に反しない限りにおいて、その投票した選挙人の意思が明白であれば、その投票を有効とするようにしなければならない」と定めています。公職選挙法第68条には無効事由が列挙されており、これに該当するものが「無効票」と判断され、それ以外の票については「有効票」と判断されます。

　具体的にどのような投票が無効と判断されるのかについては過去にさまざまな判例や実例があります。これらについては公職選挙法の逐条解説やポケット判例などに豊富に掲載されています。開票担当になってもならなくても、必ず目を通してください。

> **Column** 候補者名のほかに※や★などの
> 記号を記入した投票も無効
>
> 　候補者名を1人だけ書いてあって、間違いなく判別できるなら、ちょっとした記号くらいいいじゃないかと思いますか？
>
> 　いえいえ、ちょっと想像してみてください。ある候補者を当選させようとするグループがいるとします。お互いに裏切らないように、投票用紙に決まった書き込みをすることを約束して投票するとしましょう。候補者が届け出た開票立会人なら、その書き込みを確認できる可能性があります。こんなことが起こったら、実質的に投票の秘密が侵されるようなものです。
>
> 　こうしたことを防ぐために、候補者名以外に余計なことが書かれたものは無効票とされるのです。

＞＞当選人を決める「選挙会」

　各選挙における当選人は選挙会で決定されます。選挙会の事務は選挙長が担当します（なお、衆議院比例代表選挙、参議院比例代表選挙、参議院合同選挙区選挙については、都道府県毎に選挙分会が置かれ、選挙分会長がその事務を担当します。以下、選挙会事務を中心に話を進めます）。

　選挙長は、その選挙の選挙権を有する者の中から、その選挙の事務を管理する選挙管理委員会が選任します。

　選挙会が正しく行われているか立ち会うものとして選挙立会人が置かれます。選挙立会人はその選挙の選挙権を有する者の中から、本人の同意を得て、候補者が選挙長に対して届け出ます。選挙立会人の法定数や同一党派に所属する者からの届出にかかる制限、くじの行い方などは開票立会人とほぼ同じです。ただし、衆議院小選挙区選挙又は地方公共団体の議会の議員若しくは長の選挙において開票の事務と選挙会の事務を合同で行う場合、選挙立会人はその開票区の区域又は一部をその区域に含む市区町村の選挙人名簿に登録された者でなければなりません。

　選挙会において、選挙長は各開票管理者から報告された開票結果に基づき候補者毎の得票数を計算して当選人を決定し、選挙録を作成します。その後、選挙録はその選挙の事務を管理する選挙管理委員会に送られます。選挙録の送付を受けた選挙管理委員会は、当選人を告示し、当選人に当選の旨を告知し、当選証書を付与します。市区町村の議会の議員又は長の選挙では、都道府県選挙管理委員会に対して当選人に当選証書を付与した旨の報告を行います。

≫ 当選人は得票数の多い順に決まりますが、場合によってくじ引きになります

　比例代表選挙以外の選挙は得票数の多い人から当選人となります。ただし、公職選挙法で定められている法定得票数以上の得票がないと、当選人とは認められません。法定得票数というのは、「当選するために必要な票数」で、下記の通り選挙毎に決まっています。当選人を決めるとき、候補者の得票数が同数の場合は、選挙長が選挙会でくじ引きをして決定します。

選挙の種類	法定得票数
衆議院小選挙区選挙	有効投票総数×1／6以上
参議院選挙区選挙	有効投票総数／選挙区の定数×1／6以上
都道府県知事選挙、市区町村長選挙	有効投票総数×1／4以上
都道府県議会議員選挙、市区町村議会議員選挙	有効投票総数／当該選挙区内の定数（選挙区がない場合は議員の定数）×1／4以上

　比例代表選挙の場合はドント方式という配分方法で当選人数を決めます。衆議院比例代表選挙は、ブロック（選挙区）毎の政党等の得票数をドント方式で計算して、それぞれの政党等の当選人数が決まります。届出名簿には、あらかじめ当選者となるべき順位が決められているので（P.56）、その順位に従って当選人が決まります。名簿上で当選者となるべき順位が同順位とされている場合は、惜敗率（小選挙区選挙での最高得票者の得票に対するその候補者の得票の割合）が高い順に当選人となります。小選挙区と重複立候補している候補者は、小選挙区で当選するか供託物を没収される場合、候補者名簿から外されます。

参議院比例代表選挙の場合は、全国集計をされた政党等の名称の投票とその政党等の名簿に登載された候補者名の投票を合算した総得票数をドント方式で計算して、それぞれの政党等の当選人数を決めます。その数に応じて、届け出た名簿に記載の候補者の中から得票数が多い順に当選人となります。なお、「特定枠」の候補者がある場合はその候補者が優先して当選人とされます。得票数が同数の候補者がいる場合は、選挙長が選挙会でくじ引きをして決定します。

4章 | 選挙が決まったら何をする？

> **Column** ドント方式ってどんな方式？

それぞれの政党等の総得票数を名簿登載者数までの整数で割っていき、得られた商の大きい順に議席を配分する方式です。

■定数10の場合のドント方式の例

政党名	A党	B党	C党	D党
総得票数	1,200	1,000	700	650
÷1	1,200 ①	1,000 ②	700 ③	650 ④
÷2	600 ⑤	500 ⑥	350 ⑧	325 ⑩
÷3	400 ⑦	333.3 ⑨	233.3	216.6
÷4	300	250	175	162.5
÷5	240	200	140	130
当選人数	3	3	2	2

> **Column** 開票は見学ができる

公職選挙法第69条では「選挙人は、その開票所につき、開票の参観を求めることができる」と定められています。

とはいっても、どこの開票所でも自由に参観できるというわけではありません。参観できるのはその開票区内の選挙人だけです。参観に特別な予約や事前手続きは必要としないので、参観を希望する人は直接開票所を訪れます。だいたい開票予定時間の30分くらい前から受付をすることが多いようです。

>> 「選挙無効」と「当選無効」

　開票や選挙会が終わっても、まだ安心できません。選挙期日後に選挙人から「選挙無効」や「当選無効」の異議の申出があるかも知れません。以下、市区町村の議会の議員又は長の選挙の場合について説明します。

　「選挙無効」とは、何らかの理由でその選挙の効力に不服がある選挙人又はその選挙の候補者は、選挙の日から14日以内に、その選挙の事務を管理する選挙管理委員会（市区町村の選挙管理委員会）に文書で異議を申し出ることができます。異議の申出を受けた選挙管理委員会は、申出を受けた日から30日以内に決定を出すように努めなければなりません。

　なお、公職選挙法第205条は選挙無効について「選挙の規定に違反することがあるときは選挙の結果に異動を及ぼす虞がある場合に限り、選挙の無効を決定しなければならない」と規定しています。

　「当選無効」とは、市区町村の議会の議員又は長の選挙の当選の効力に不服がある選挙人又はその選挙の候補者は、当選の告示の日から14日以内に、その選挙の事務を管理する選挙管理委員会（市区町村の選挙管理委員会）に文書で異議を申し出ることができます。選挙管理委員会はこの異議の申出についても30日以内に決定を出すように努めなければなりません。

　いずれの場合も市区町村の選挙管理委員会の決定に不服がある者は、その決定書の交付を受けた日又はその決定の要旨を市区町村選挙管理委員会が告示した日から21日以内に、文書で当該都道府

県の選挙管理委員会に審査を申し立てることができます。審査の申立てを受けた都道府県選挙管理委員会はその申立てを受理した日から60日以内に裁決するように努めなければなりません。

この裁決に不服がある者は、裁決書の交付を受けた日又は裁決の要旨を都道府県選挙管理委員会が告示した日から30日以内に高等裁判所に訴訟を提起することができます。

過去に選挙無効とされた事例を見ると、「投票記載台に掲示する候補者氏名等掲示の誤りに起因するもの」、「開票の手続の瑕疵に起因するもの」などがあります。「小さなミス」と思われるものでも結果として「選挙のやり直し」につながってしまうことがあります。どのようなミスが選挙無効につながったのか、判例などをあらかじめ学んでおくのもいいと思います。

また当選無効の事例については、「投票の効力に関するもの」や「候補者の住所要件に関するもの」が目立ちます。開票の際に「無効」と効力判定された票が、都道府県選挙管理委員会や裁判所での審理過程で「有効」と判断（逆の事例もあります）され、当選者と落選者が入れ替わることがあります。また、立候補の届出の際に市区町村議会の議員の候補者が住所要件（その市区町村の区域内に3か月以上住所を有すること）を満たさないことが判明し当選が無効となった事例もあります。これらの事例も学んでおくと有益です。

5章 選挙運動と政治活動について確認しておこう

＞＞ 選挙運動と政治活動ってどう違うのでしょうか

　選挙管理委員会で仕事をするようになると、議員や立候補予定者などから、選挙運動や政治活動について質問されることが増えます。公職選挙法の理解と解釈が必要になるところですが、まずは基本的なことを押さえておきましょう。その際、根拠条文を覚えておくと問い合わせを受けた際にどこを調べればよいかがわかります。

　判例等では、「政治活動」について「政治上の目的を持って行われる一切の活動から選挙運動にわたる行為を除いたもの」とされています。また「選挙運動」については「特定の選挙について、特定の候補者の当選を目的に投票を得るため又は得させるために、直接又は間接に必要かつ有利な行為」と定義されています。
　選挙運動をすべて自由に、無制限に行ってもよいことにすると、候補者の財力などによって公平性や公正性が失われてしまう可能性があります。そこで、公職選挙法では選挙運動について後述のように主体・方法・態様などに一定の制限を設けています。
　一方、政治活動についてはほとんど制限がありません。しかし、候補者等の平常時の一部の政治活動や、選挙時に行われる政党等の政治活動については、その態様が選挙運動と紛らわしい場合があることから一定の制限がかけられています（P.96）。

>> 選挙運動の期間は決まっています

　公職選挙法第129条は選挙運動の期間を定めています。選挙運動は立候補の届出が受理されてから選挙期日の前日までのあいだに行うことができます。それ以外の期間は事前運動として禁止されています。

　ただし、立候補の届出前でも、政党等に公認を求めるなどの「立候補の準備行為」、選挙事務所の借入の内交渉などの「選挙運動の準備行為」は、一般的に選挙運動ではないとされています。

　また、例外として選挙期日当日に行うことができる選挙運動は下記の通りです。

1. 投票所が設けられた場所の入口から300m以外の区域に選挙事務所を設置し、選挙事務所を表示するための立札・看板の類を掲示すること
2. 選挙期日の前日までに掲示した選挙運動用ポスターをそのまま掲示しておくこと（ただし、選挙期日当日の貼り替えは不可）
3. 選挙運動用ウェブサイトを更新せずそのままにしておくこと

＞＞ 選挙運動の方法も決まっています

　選挙運動の方法は大きく分けると、印刷物などの文書図画によるものと演説などの言論によるものがあります。それぞれについて説明していきます。

▲ 文書図画による選挙運動

　文書図画は、「ぶんしょとが」と読みます。文字や記号、絵、写真などが記載されたすべてのものがこれにあたります。文書図画による選挙運動は、なんでも自由に行ってよいことになると、お金をかけられる人ほど広く・強く活動できることにつながりやすく、お金のかかる選挙の原因になる可能性もあります。そこで候補者の財力などにより公平性・公正性が失われることがないよう、細かい規制が設けられています。

▲ 選挙運動で使用できる文書図画

　選挙運動に使用できる文書図画は大きく分けて「頒布して使用するもの」と「掲示して使用するもの」に分かれます。それぞれについてはその数量や規格、使用方法などについての規制があります。

頒布して使用するもの	①選挙運動用通常葉書 ②選挙運動用ビラ	公職選挙法第142条
	③パンフレット又は書籍^{※1} （衆議院議員選挙又は参議院議員選挙のみ）	公職選挙法第142条の2
掲示して使用するもの	①選挙事務所を表示するためその場所において使用するポスター、立札、ちょうちん及び看板の類 ②選挙運動用自動車（船舶）に取り付けて使用するポスター、立札、ちょうちん及び看板の類 ③候補者が使用するたすき、胸章及び腕章の類 ④演説会場においてその演説会の開催中使用するポスター、立札、ちょうちん及び看板の類 ⑤屋内の演説会場内においてその演説会の開催中掲示する映写の類 ⑥個人演説会告知用ポスター^{※2} ⑦選挙運動用ポスター^{※3}	公職選挙法第143条

※1 候補者届出政党又は名簿届出政党等の本部が直接発行したものに限る
※2 衆議院小選挙区選挙、参議院選挙区選挙、都道府県知事選挙のみ使用可
※3 ⑥が使用できる選挙の場合は、⑦とあわせて1枚のポスターとして作成・掲示することができる。

▲インターネット等を利用する選挙運動

　判例上、コンピュータのディスプレイ上に現れた文字などの表示も、公職選挙法上の「文書図画」と解されています。平成25（2013）年4月の公職選挙法の改正により、有権者・候補者ともにインターネット等を利用する選挙運動ができるようになりました。

　インターネットを利用する選挙運動は「ウェブサイト等を利用するもの」と「電子メールを利用するもの」に分かれます。

　ウェブサイトを利用するものには、ホームページやブログ、XやFacebook、YouTube、TikTokなどのSNS、動画共有サービス、動画中継サイトなどの利用が含まれます。ウェブサイトを利用する選挙運動は候補者や政党等だけではなく、一般の有権者も行うことができますが、選挙運動のために使用するウェブサイト等には電子メールのアドレスなどを表示することが義務付けられています（公職選挙法第142条の3）。

　一方、電子メールによる選挙運動ができるのは候補者と候補者届出政党、名簿届出政党等、確認団体（P.97）に限られ、一般の有権者は行うことができません。

　電子メールによる選挙運動は、選挙運動用電子メールである旨を表示すること、電子メールアドレスを表示すること、候補者等からの送信先に一定の制限がされることなどの規制があります（公職選挙法第142条の4）。

　何人も、候補者氏名や政党等の名称又はこれらを類推されるような事項を表示した有料のインターネット広告を掲載することができません。しかし、一定の選挙においては候補者届出政党、名簿届出政党等、確認団体に限り有料のインターネット広告を掲載することができます（公職選挙法第142条の6）。

また、インターネット等を利用した落選運動については、公示日又は告示の日から選挙期日までの間に、一定の条件で行うことができます（公職選挙法第142条の5）。「落選運動」とは、何ら当選目的がなく、特定の候補者の落選のみを図る行為であるとされています。

> **Column　サイトに掲載のポスターをプリントして配るのはNG！**
>
> 　候補者のポスターなどを選挙運動に利用するウェブサイトなどに掲載することには制限がありません。候補者や政党等はもちろんですが、有権者が応援したい（当選させたい）候補者のポスターなどをウェブサイトなどに掲載することも問題ありません。
>
> 　ただし、その画像を印刷して配ったり、勝手に掲示したりすることはできません。印刷することでその画像は紙媒体となり、公職選挙法で規制する文書図画の頒布に関する違反となるからです。候補者などから送られてきた電子メールに添付された画像についても同様です。

▲選挙公報

　選挙管理委員会が発行する選挙公報も選挙運動用文書図画の1つです。衆議院議員選挙、参議院議員選挙、都道府県知事選挙については公職選挙法第167条の規定により、都道府県及び市区町村の議会の議員の選挙、市区町村長の選挙については各地方公共団体が定める条例により発行されます。

選挙公報の原稿は候補者や政党等が作成し、写真とともにその選挙の事務を管理する選挙管理委員会に掲載申請をします（公職選挙法第168条）。

　提出を受けた選挙管理委員会は、その原稿を原文のまま選挙公報に掲載しなくてはなりません（公職選挙法第169条）。

　選挙公報は市区町村選挙管理委員会が、選挙人名簿に登録された者が属する各世帯に対して配布することとされています。各世帯に配布することが困難であると認められる特別の事情があるときは、都道府県選挙管理委員会にあらかじめ届け出て、新聞折込などの方法により配布することができます。その場合は、市区役所や町村役場その他適当な場所に選挙公報を補完設置しなければなりません（公職選挙法第170条）。選挙公報は、衆議院議員選挙、参議院議員選挙、都道府県知事選挙の場合は選挙期日の2日前までに、その他の選挙の場合は条例で定める日までに配布しなければなりません。

　なお、平成24（2012）年から選挙啓発の一環として選挙公報をインターネットにも掲載することができるようになったため、現在では多くの選挙管理委員会のホームページでも掲載されています。

▲言論などによる選挙運動

　言論などによる選挙運動には、表のようなものがあります。

演説会	・演説会には、候補者が行う個人演説会、衆議院小選挙区選挙の場合に候補者届出政党が行う政党演説会、衆議院比例代表選挙の場合に名簿届出政党等が行う政党等演説会があります。選挙運動の為に行う上記以外の演説会は開催することができません（公職選挙法第164条の3）。	・いずれも回数には制限なし ・選挙の種類によって使用できる立札や看板の総数や使用法に制限あり

街頭演説	①候補者による開催と、 ②衆議院議員選挙の場合に候補者届出政党や名簿届出政党等が開催するものがあります。 ・いずれも、時間制限（午前8時～午後8時まで）及び場所の制限（国又は地方公共団体の所有・管理する建物（公営住宅を除く）、電車、駅の構内等の特定の建物及び施設、病院等では禁止）があります（公職選挙法第164条の5、第164条の6、第164条の7、第166条）	①は候補者がその場所にとどまり、選挙管理委員会から交付される標旗を掲げて行うほか、街頭演説に従事する選挙運動員数の制限がある。 ②は停止した選挙運動用自動車（船舶）の上や周辺で行うこともできる
連呼行為	・短時間に候補者の氏名や政策など、同一の短い文言を繰り返し言うことを「連呼行為」といいます。選挙運動のための連呼行為は次の場合を除き禁止されています（公職選挙法第140条の2）。 ①演説会の会場で行う場合 ②街頭演説の場所で行う場合 ③選挙運動用自動車（船舶）の上で行う場合（ただし午前8時～午後8時まで）	・走行中の選挙運動用自動車の上から演説することは不可（公職選挙法第141条の3）
政見放送	・候補者や候補者届出政党、名簿届出政党等はテレビやラジオで政見を主張することができます（公職選挙法第150条）。	・衆議院議員選挙、参議院議員選挙、都道府県知事選挙のみ ・政見放送には品位保持規定がある（公職選挙法第150条の2）
経歴放送	・候補者の氏名、年齢、党派別、主要経歴などをテレビやラジオで紹介します（公職選挙法第151条）。	・衆議院議員小選挙区選挙、参議院議員選挙区選挙、都道府県知事選挙のみ

▲ その他の選挙運動

前頁のほかには、次の選挙運動が認められています。

選挙事務所の設置	・候補者は、選挙運動のための事務所（選挙事務所）を1か所設置できます。選挙事務所は1日1回を超えて移動することはできません。選挙事務所には、選挙事務所を表示するための看板類を掲示することができます。なお、選挙期日当日は、投票所の場所の入口から300m以内には設置することはできません。 ・衆議院小選挙区選挙の場合は、候補者届出政党も選挙事務所を各選挙区に1か所設置することができます。	公職選挙法第130条、第131条
選挙運動用自動車（船舶）の使用	・候補者は主として選挙運動のために、選挙運動用自動車（船舶を含む）を1台使用することができます。 ・選挙運動用自動車（船舶）には看板類を掲示することができます。 ・乗車（船）人員は1台につき候補者と運転手（船員）1名を除き4人以内、また選挙管理委員会が交付した表示物を付けなければなりません。 ※衆議院候補者届出政党及び名簿届出政党等、参議院名簿届出政党等の場合は使用可能台数が異なります。	公職選挙法第141条、第141条の2
拡声機の使用	・候補者は、拡声機1そろいを使用することができます。個人演説会の開催中はその会場において別に1そろいを使用することができます。 ※衆議院候補者届出政党及び名簿届出政党等、参議院名簿届出政党等の場合は使用可能数が異なります。	公職選挙法第141条
新聞広告	・候補者は、選挙期間中に新聞広告を掲載することができます。広告を掲載するためには、選挙管理委員会が交付する「新聞広告掲載証明書」と掲載文原稿を新聞社に提出して申し込みます。	公職選挙法第149条

▲ 自由に行うことができる選挙運動

　文書図画による選挙運動は「できる」と認められたものしかできませんが、言論による選挙運動は一定の制限に触れなければ誰でも自由に行うことができます。

　そのうちの1つが、電話による投票依頼です。候補者や選挙の総括主宰者などの指示で行う場合、その電話料金は選挙運動費用になることを忘れてはいけません。

　もう1つが、個々面接です。来訪者や街頭でたまたま会った人などに投票を依頼することは可能です。選挙の演説会ではない集まり（街頭以外）でも依頼できます。

＞＞ 選挙公営と公費負担

　上述のように、選挙運動の手段は多岐にわたります。しかし、これらにかかる経費をすべて候補者が負担することは「カネのかからない選挙の実現」や「候補者間の選挙運動の機会均等」の観点から問題があるとされており、一定のものについては公営で行われることとされています。

　たとえば、選挙公報の発行やポスター掲示場の設置、政見放送や経歴放送、選挙運動用通常葉書の郵送料などについてはその選挙の事務を管理する選挙管理委員会が負担することとされており、これを「選挙の公営」といいます。

　そのほかにも、公職選挙法の規定や各地方公共団体の定める条例により、供託金が没収されない候補者について、選挙運動用ポスターや選挙運動用ビラの作成費用、選挙運動用自動車の使用などにかかる費用の一部を負担する「選挙運動費用の公費負担制度」があります。

＞＞ 選挙運動でやってはいけない行為を確認しておきましょう

▲戸別訪問の禁止

　何人も、選挙に関し投票を依頼したり、逆に投票を得させないために戸別訪問をすることはできません。また、選挙運動のため、戸別に演説会の開催や演説を行うことを告知すること、候補者や政党等の名称を言い歩くことも同様に禁止されています（公職選挙法第138条）。

▲署名運動の禁止

　署名運動というのは、一定の目的をもって多くの人から署名を集めることです。何人も、選挙に関して投票を得るためや投票を得させないために署名活動をすることはできません（公職選挙法第138条の2）。

▲人気投票の公表の禁止

　どの候補者が当選するか、その政党から何人当選するかなどを予測する人気投票を行うことそのものは禁じられてはいませんが、その経過や結果を公表することはできません（公職選挙法第138条の3）。新聞や雑誌の掲載、ポスターの掲示、テレビの放映、ラジオ放送だけでなく、インターネットを通じた公表も禁じられています。

　しかし、当選人が確定したあとなら公表しても差し支えないとされています。

▲飲食物の提供の禁止

　選挙運動中は、選挙事務所で選挙運動員や選挙運動のために使用

する労務者に提供する一定の弁当を除き、いかなる名義をもってしても飲食物（通常用いられる程度の茶菓を除く）を提供することができません（公職選挙法第139条）。候補者の選挙事務所に陣中見舞いなどとしてお酒を届けることもできません。

▲気勢を張る行為や連呼行為の禁止

　選挙人の注目を集めるなどの目的で自動車を連ねたり、隊列を組んで行き交ったりするなどの気勢を張る行為はできません（公職選挙法第140条）。

▲休憩所等の設置の禁止

　選挙運動のために休憩所や、湯呑所や連絡所などの休憩所に類似する設備を設置することはできません（公職選挙法第133条）。選挙運動員などのために限らず、選挙人のために設けることも禁止されています。

▲文書図画の回覧行為の禁止

　文書図画を回覧板やプラカードなどに仕立てて、多数の人に回覧させることはできません（公職選挙法第142条第12項）。

>> 選挙運動ができない人

　選挙運動が禁止されているのは、選挙事務関係者、特定公務員、18歳未満の者、選挙犯罪などにより選挙権・被選挙権を停止されている者です。

　選挙事務関係者とは、投票管理者、開票管理者、選挙長と選挙分会長が当てはまります。在職中はその関係区域内で選挙運動をすることができません。

　選挙管理委員会事務局の職員はここには含まれませんが、特定公務員に含まれます。特定公務員は、中央選挙管理会の委員、中央選挙管理会の庶務に従事する総務省の職員、選挙管理委員会の委員及び職員など選挙管理に関わる人が含まれています。このほかには、裁判官、検察官、会計検査官、公安委員会の委員、警察官、収税官吏と徴税官吏が特定公務員です。これらの公務員は、在職中において、選挙の種類や職務の区域に関係なく、一切の選挙運動をすることができません。

▲選挙運動が制限されている人たち

　国、地方公共団体の公務員、行政執行法人・特定地方独立行政法人の役員や職員などは、その地位を利用した選挙運動を行うことができません。国、地方公共団体の公務員については、常勤、非常勤、一般職、特別職を問わず、あらゆる公務員が対象です。

　また、学校教育法に規定する学校、幼保連携型認定こども園の長及び教員は、学校の児童・生徒・学生に対する教育上の地位を利用して選挙運動を行うことも禁止されています。

> **Column** 何が選挙違反になるのか、
> 聞かれることが増えるかも
>
> 　選挙管理委員会で仕事をするようになると、公職選挙法や選挙事務に詳しいと思われて、議員をはじめいろいろな人から、「アレは選挙違反にならないのか」「コレは取り締まりの対象だろうか」などと聞かれる機会が増える可能性があります。そんなときは「そうかもしれないですね」とか「たぶん、大丈夫でしょう」などと曖昧に答えては絶対にいけません。そもそも選挙管理委員会には「ある行為が法令に違反する行為であるかどうか」を判断する権限はありません。違反行為を取り締まる権限を持つのは警察であり、その違法性の判断は最終的には司法が行います。それを忘れないで対応しましょう。

> **Column** 選挙管理委員が選挙中に
> 候補者の陣中見舞いに行くのもNG？
>
> 　選挙管理委員会の委員も事務局の職員も、選挙運動ができません。選挙管理委員になるのは、元議員やその地域の名士といわれる方も多く、選挙になると、地元で顔見知りの人が候補者として名のりを挙げることもあるでしょうが、選挙事務所に顔を出したりしてはいけません。それとなく、明るい話題として、「陣中見舞いなどで選挙事務所には行かないでくださいね」などと言っておくことも必要なことかもしれません。

>> 政治活動に関する規制

　政治活動は憲法上の権利としてすべての国民に保障されています。したがって政治活動は自由に行えるのが原則です。
　しかし、「カネのかからない選挙の実現」や、選挙運動と紛らわしい行為を規制するために、公職選挙法は一定の政治活動について規制しています。

▲個人及び後援団体の政治活動に関する規制

　公職選挙法第143条第16項は、公職の候補者（公職にある者を含む。公職選挙法では「公職の候補者等」といいます）や、その候補者等にかかる後援団体の政治活動のために使用される文書図画について一定の規制を設けています。
　候補者等の氏名（氏名を類推させる事項を含む）や後援団体の名称を表示する文書図画は次に挙げるもの以外は使用することができません。

1. 立札・看板の類で、候補者等や後援団体が政治活動のために使用する事務所毎にその場所において通じて2を限り、掲示されるもの。

　　候補者等や後援団体は、その政治活動用事務所の場所に限って、候補者等の氏名が記載された看板類を1か所につき2枚まで、後援団体の名称が記載された看板類を1か所につき2枚まで掲示することができます。この看板には当該選挙を管理する選挙管理委員会が交付する証票を付けなければならないほか、寸法制限（縦150㎝×横40㎝／公職選挙法第143条第17項）と前述の枚数制限（公職選挙法施行令第110条の5）があります。

2. ポスターで、ベニヤ板等で裏打ちしていないもの。

　「個人の政治活動用ポスター（個人ポスター）」がこれに当たります。個人ポスターには「掲示責任者の氏名・住所」と「印刷者の氏名（法人の場合は名称）と住所」を記載しなければなりません（公職選挙法第143条第18項）。また公職選挙法第143条第19項に規定する「一定期間」は掲示することができません。一定期間外に掲示されている個人ポスターについては、都道府県又は市区町村選挙管理委員会は撤去命令を出すことができます（公職選挙法第147条）。

3. 政治活動のためにする演説会などの会場において、その開催中に使用されるもの

4. 公職選挙法第14章の3の規定により使用することができるもの。
　後援団体が確認団体となった場合は、その規定により使用できるとされる立札・看板類やポスターなどは使用できます。

▲ 確認団体制度

　政党その他の政治活動を行う団体は、一定の選挙について、その公示日・告示日から選挙の当日までの間に限り、一定の政治活動を行うことができません。

　しかし、参議院議員選挙、都道府県知事又は市長選挙、都道府県の議会の議員又は指定都市の議会の議員の選挙については、その選挙の事務を管理する選挙管理委員会（参議院議員選挙の場合は総務大臣）に申請することにより「確認書」の交付を受けることにより、「確認団体」として一定の政治活動を行うことができます（公職選挙法第201条の6、第201条の7、第201条の8、第201条の9）。

　なお、衆議院議員選挙、市区町村議会の議員の選挙、町村長の選挙には確認団体制度はありません。

▲ 政党等の政治活動用ポスターの規制

　政党その他の政治活動を行う団体がその政治活動のために使用するポスターで、そのポスターに氏名及び氏名が類推される事項を記載された者が当該選挙の候補者となったときは、候補者となった日のうちに、当該選挙区（選挙区がないときは選挙が行われる区域）において、そのポスターを掲示した者はそのポスターを撤去しなければなりません。これは政党等の政治活動で掲示するいわゆる「2連ポスター」についての規制です。撤去義務があるポスターが撤去されない場合、都道府県又は市区町村の選挙管理委員会は撤去命令を出すことができます（公職選挙法第201条の14）。

Column　年賀状や挨拶が目的の有料広告も禁止されています

　公職の候補者等は、選挙区内の者に対して年賀状や暑中見舞いなどの時候の挨拶状を出すことはできません。ただし、答礼のための自筆のものは認められていますが、印刷した挨拶状に住所や名前だけを自筆するものは認められません。

　また、公職の候補者等や後援団体は、選挙区内の者に対する挨拶を目的とした有料広告を出すことはできません。新聞や雑誌、テレビ、ラジオなどの有料広告の他、地域で開催される各種大会でのお祝いや激励の挨拶、災害見舞いなども含まれます。

6章 | 寄附について正しく理解しよう

>> 寄附について確認しましょう

　選挙管理委員会で仕事をすると、よく聞かれるのが「寄附」に関することです。マスコミなどで政治とお金に関する報道が行われるタイミングなどで質問が増えることもありますので、正しく理解しておく必要があります。

　寄附に関しては「公職選挙法」と「政治資金規正法」のそれぞれで定められています。**公職選挙法では**主に公職にある者、候補者、立候補予定者（以下、公職の候補者等）が選挙区内の者に対して贈るお金や物について制限しており、**政治資金規正法では**主に政治団体や公職の候補者等が政治活動に関して受け取るお金や物について制限し、その使途を公開することについて定めています。

　お金のかからない公平で公正な政治の実現のために、両法律に対する正しい理解と適正な運用が求められています。選挙管理委員会の仕事では、日常的に公職選挙法に接することになると思いますが、併せて政治資金規正法についても理解を深めていきましょう。

>> 公職選挙法で定められている寄附についてまとめます

　公職選挙法第179条では、寄附について、「金銭、物品その他の財産上の利益の供与又は交付、その供与又は交付の約束で党費、会費

その他債務の履行としてなされるもの以外のものをいう」とされています。

　金銭や物品は理解しやすいと思いますが、財産上の利益というのが少しわかりにくいかもしれません。これは、債務の免除、金銭・物品の無償貸与、労務の無償提供などで、受ける人にとって、財産的価値のあるすべてのものを指します。「借金などをなかったことにするよ」とか、「この部屋を事務所として使っていいよ、賃貸料はいらないよ」などの事例が当てはまるでしょう。加えて、これらの行為を約束することも含まれていることにも注意が必要です。

　また、「花輪、供花、香典又は祝儀として供与され、又は交付されるものその他これらに類するものを含む」とされています。冠婚葬祭などで花や金銭を贈ることも含まれるのです。

　ただし、認められている寄附もあります。初めからすべてを覚えることは難しいかもしれませんが、確実に理解をするようにしましょう。

● **公職の候補者等は寄附が禁止されます**

　公職の候補者等は、いかなる名義をもってするを問わず、その公職の候補者等の選挙区（選挙区がない場合はその選挙の行われる区域）内にある者に対し、寄附をすることが禁止されています（公職選挙法第199条の2）。

　「選挙区内にある者」とは、選挙権を有するかどうかを問いません。自然人、法人のほか、PTAなどの「人格なき社団」や国・地方公共団体も含まれますし、その選挙区内に住所や居所を有する者に限らず単に滞在する者も含まれます。

　「いかなる名義をもってするを問わず」とは、どのような理由でも問わないという意味で、経済活動や宗教活動として行われるものでも、

公職の候補者等のする寄附は一切禁止されます。お中元、お歳暮、入学祝、結婚祝、地域のお祭りなどへの寄附、餞別なども選挙区内の者に対して贈ることができません。

　ただし次に挙げる3つの場合はこの寄附禁止の例外とされています。
1．政党その他の政治団体又はその支部に対して行う寄附。ただし、自己の後援団体（資金管理団体に指定されている以外）に対する寄附は、選挙前の一定期間禁止されます。
2．親族（6親等内の血族、配偶者及び3親等内の姻族）に対して行う寄附。
3．公職の候補者等が専ら政治上の主義や施策を普及するために選挙区内で行う講習会や政治教育のための集会に関し必要やむを得ない実費の補償（食事についての実費の補償を除く）として行う場合。ただし、参加者に対して饗応接待が行われるような集会や、その選挙区外で行われる集会、選挙前の一定期間内に行われる集会に関する寄附は禁止されています。

　また、公職の候補者等以外の人が公職の候補者等を名義人として寄附をすることもできません。

　もちろん、選挙区内の者が求めてもいけません。自ら要求するのはもちろん禁止ですが、公職の候補者等に対して、選挙区内にある者への寄附を勧誘したり要求したりすることも禁止されています。また、公職の候補者等以外の者に、選挙区内にある者への公職の候補者名義の寄附を勧誘したり要求したりすることも禁止されています。

> **Column** 自ら出席する結婚披露宴等の
> 祝儀等は認められます
>
> 　前述のとおり香典や祝儀は寄附とされますが、当該選挙に関しないもので、通常一般の社交の程度を越えないものに限り、次に挙げる寄附は罰則の適用から除外されています（公職選挙法第249条の2第3項）。
> 1. 公職の候補者等が結婚披露宴に自ら出席しその場においてするその結婚に関する祝儀の供与
> 2. 公職の候補者等が葬式（告別式を含む）に自ら出席しその場においてする香典の供与、又は公職の候補者等が葬式の日（葬式が2回以上行われる場合は最初に行われる葬式の日）までの間に自ら弔問しその場においてする香典の供与
>
> 　ここでいう「祝儀」には金銭によるもののほか物品によるものも含まれます。ただし「香典」は「線香に代わる金銭」という意味であるため金銭によるものに限られ、線香や供花などの物品は含まれないとされています。

＞＞ 公職の候補者等の関係会社など、公職の候補者等の氏名などを冠した関係会社などの寄附も禁止です

　公職の候補者等が役員や職員あるいは構成員である会社やその他の法人、団体などがその選挙区内にある者に対して、公職の候補者等の氏名を表示したり、候補者等の氏名が類推されるような方法で寄附をすることは、どのような名義であってもできません（公職選挙法第199条の3）。

　公職の候補者等の氏名が表示されたり、類推されるような名称が表示されている会社やその他の法人、団体は、その選挙に関し、その選挙区内にある者に対して、どのような名義であっても寄附をすることはできません（公職選挙法第199条の4）。

　ただし、いずれの場合も政党その他の政治団体又はその支部に対する寄附は認められています。後段の政治資金規正法で説明しますが、これについては政党及び政党の指定する政治資金団体に対するものに限ります。

＞＞ 後援団体に関する寄附等の禁止も定められています

　後援団体とは、政党その他の団体又はその支部のうち、特定の公職の候補者等を支持したり、推薦することを主な目的として活動している団体のことです。公職の候補者等と同様、後援団体についても、その選挙区内にある者に対する寄附は、いかなる名義をもってするを問わず禁止されます（公職選挙法第199条の5）。

　ただし、次に挙げる3つの場合は寄附禁止の例外とされています。

1. 政党その他の政治団体、又はその支部に対する寄附。
2. 後援団体が後援する公職の候補者に対する寄附。ただし、政治資金規正法により、選挙運動に関するものを除いて金銭などによる寄附は禁止されています。
3. その後援団体がその団体の設立目的によって行う行事や事業に関する寄附。ただし、花輪、供花、香典、祝儀、その他これらに類するものや選挙前の一定期間内にされるものは除きます。

　どのような人であっても、選挙前の一定期間、後援団体の総会やその他の集会（後援団体を結成する集会も含む）や、後援団体が行う見学、旅行、その他の行事で、選挙区内にある者に対して次のことはできません。
・通常用いられる程度の食事の提供を超える饗応接待
・金銭、記念品、その他の物品の供与

　公職の候補者等は、選挙前の一定期間、自己の後援団体に対して寄附をすることができません。ただし、自らの資金管理団体に対する寄附は認められています。
　また、寄附が禁止される期間は、
・任期満了による選挙の場合は、任期満了の日前90日にあたる日から選挙期日までの間
・任期満了による選挙以外の場合は、解散の日又は選挙を行うべき事由が生じたことを選挙管理委員会が告示した日の翌日から選挙期日までの間とされています。

≫ 国又は地方公共団体と請負、その他特別の利益を伴う契約の当事者である者の寄附も禁止です

　国と契約の当事者である者は、衆議院議員や参議院議員の選挙に関する寄附をすることはできません。また、地方公共団体と契約の当事者である者は、その地方公共団体の議会の議員や長の選挙に関する寄附ができません（公職選挙法第199条）。

≫ 国又は地方公共団体が行う利子補給に係る融資を受けている会社やその他の法人の寄附も禁止です

　国から利子補給を受けている金融機関などから利子補給に係る融資を受けている会社やその他の法人は、衆議院議員と参議院議員の選挙に関する寄附をすることができません。また、地方公共団体から利子補給を受けている金融機関などから利子補給に係る融資を受けている会社やその他の法人は、その地方公共団体の議会の議員と長の選挙に関する寄附ができません。

　ただし、いずれも試験研究や調査、災害復旧のための融資については除外されています。

　また、寄附が禁止されるのは、金融機関などが国又は地方公共団体から利子補給金の交付の決定の通知を受けた日から、利子補給金の交付の日から起算して1年を経過した日までです。

6章 | 寄附について正しく理解しよう

> **Column**
> ## 選挙運動に関しては
> ## 金銭などによる寄附も認められています
>
> 　政治資金規正法では、個人から公職の候補者等への寄附は物品などによるものしか認められていませんが、選挙運動に関しては金銭や有価証券による寄附も認められています。
>
> 　個人から公職の候補者等への寄附は、年間150万円までの金銭や有価証券以外の物品などによるものしか認められていません。ただし、選挙運動に関しては、金銭や有価証券による寄附も認められています。ただし、総枠制限（1,000万円）・個別制限（150万円）の範囲内に限られます。
>
> 　陣中見舞い、公認料、推薦料など、名目には特別な規定はありませんが、そのすべてについて公職選挙法に基づき、選挙運動費用収支報告書に記載しなければなりません。

≫ 政治資金規正法で定められている寄附についてまとめます

　昨今、政治と金に対する国民の関心が高まっているようです。さまざまな質問を受ける可能性がありますが、主観に流されず、一定の範囲を逸脱するものは違法であり、範囲内で行われるものについては法的に認められているということを理解しておくことが必要です。そのため、政治資金規正法が定める寄附について、少し詳しく触れたいと思います。

　政治資金規正法では、寄附について「金銭、物品その他の財産上の利益の供与又は交付で、党費又は会費その他債務の履行としてされるもの以外のもの」と定義しています（政治資金規正法第4条第3項）。「党費又は会費」というのは、その団体の構成員が党則や規約などに従って義務として支出されるもので、会社、法人、団体などが負担するものは含まれません。

　政治資金規正法は、政治団体や公職の候補者等による政治活動が公明で公正に行われるように、政治活動のための資金の収支を公開しその是非についての判断を国民に任せ、やり取りなどを規正しています。この政治活動のための資金のやり取りなどの規正に、寄附に関する制限があります。

　政治資金を受け取る側と提供する側の両方に関わるもので、政治資金を受け取る側には政治団体と公職の候補者等があり、提供する側には、公職の候補者等を含む個人、会社などの団体や政治団体があります。以下、それぞれの規定を説明していきます。

6章 | 寄附について正しく理解しよう

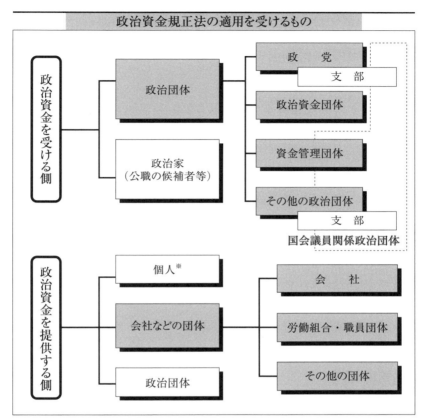

※個人には、公職の候補者等も含まれます。

● 政治団体とは

1. 政治上の主義や施策を推進・支持したり、あるいは反対することを本来の目的とする団体
2. 特定の公職の候補者等を推薦・支持したり、あるいは反対することを本来の目的とする団体
3. 1.や2.のようなことを本来の目的とはしていないが、次のようなことを主たる活動として組織的かつ継続的に行う団体

- 政治上の主義や施策を推進・支持したり、反対したりすること
- 特定の公職の候補者等を推薦・支持したり、反対したりすること

● **政治団体とみなされる団体とは**
1. 政治上の主義や施策を研究する目的を有する団体で、国会議員が主宰するもの、あるいは主要な構成員が国会議員であるもの（政策研究団体）
2. 政治資金団体

● **政党とは**
　政治団体のうち、次のいずれかの要件を満たすものです。
1. 国会議員が5人以上所属している
2. 次のいずれかの選挙における得票率が、全国を通じて2％以上ある
    - 前回の衆議院選挙における小選挙区選挙
    - 前回の衆議院選挙における比例代表選挙
    - 前回又は前々回の参議院選挙における選挙区選挙
    - 前回又は前々回の参議院選挙における比例代表選挙

● **公職の候補者等とは**
　公職選挙法と同じく公職にある者、候補者、立候補予定者を指します。

● **政治資金団体とは**
　政党のために資金上の援助をする目的を持つ団体で、政党は1団体に限って指定することができます。もしこの団体が政治団体に該当しなくても、政治団体とみなされます。

● **資金管理団体とは**

　公職の候補者等のために政治資金の提供を受け、その政治資金を取り扱う政治団体です。公職の候補者等が代表者を務める政治団体のうちから1団体に限って指定することができます。

● **その他の政治団体とは**

　公職の候補者等の後援会やそれぞれの主義主張を掲げている、政党、政治資金団体、資金管理団体以外の政治団体を、便宜上、その他の政治団体と呼びます。

● **国会議員関係政治団体とは**

　政党、政治資金団体、政策研究団体以外の政治団体で、次に該当する団体のことです。
1. 公職の候補者等のうち国会議員、候補者、立候補予定者が代表者である団体
2. 個人の寄附に関する税制上の優遇措置を受ける政治団体のうち、特定の国会議員、候補者、立候補予定者を推薦・支持することを本来の目的とする団体
3. 国会議員、候補者、立候補予定者が代表者で、選挙区の区域又は選挙の行われる区域を単位とする政党の支部

● **会社などの団体とは**

　会社、労働組合、職員組合（公務員が組織する職員団体）、業界団体、文化団体、親睦団体など。法人には限りません（ただし、政治団体は除かれます）。

政治資金規正法による主な寄附の制限としては次の3つが挙げられます。
1. 会社、法人やその他の団体は、政党及び政党の指定する政治資金団体以外に政治活動に関する寄附をすることができません。
2. 公職の候補者等の政治活動（選挙運動を除く）に金銭などの寄附をすることはできません。ただし、政治団体に対するもの、政党が行うものを除きます。
3. 寄附には量的制限と質的制限が定められています。

＞＞ 寄附の量的制限

　政治資金の集め方に節度を持たせるため寄附を量的な面で規制しています。

● 政党・政治資金団体が受けられる寄附

　個人や会社などの団体が政党・政治資金団体に対して1年間にできる寄附の総額の限度は下記の通りです。この金額はすべての政党・政治資金団体に対する寄附の合計の限度額です。たとえば年間の限度額が750万円の会社が、ある政党に750万円の寄附をしたら、同一年内にほかの政党・政治資金団体に寄附をすることはできません。また、ほかの政党・政治資金団体はそのような寄附を受けることができません。

寄附の提供者	年間限度額
個人（公職の候補者等を含む）	2,000万円
会社などの団体	750万円～1億円 （資本金、組合員数などにより異なる）
政治団体	制限なし

● 資金管理団体・その他の政治団体が受けられる寄附

　個人や政治団体が資金管理団体・その他の政治団体に対して1年間にできる寄附の限度額は下記の通りです。寄附をする個人が政党・政治資金団体以外の者に対して1年間に寄附可能な総額（1,000万円）の限度内で行われなくてはいけません。なお、会社などの団体からは一切寄附を受けることができません。

寄附の提供者		年間限度額
個人（公職の候補者等を含む）1人あたり		150万円
会社などの団体		禁止
政治団体1団体あたり	政党・政治資金団体	制限なし
	上記以外の政治団体	5,000万円

　ただし、資金管理団体については特例があります。
・その資金管理団体の指定をした公職の候補者等からの特定寄附（公職の候補者等が政治活動のために政党から受けた寄附を自分が指定した資金管理団体に寄附すること）には金額の制限はありません。
・その資金管理団体の指定をした公職の候補者等から受ける特定寄附以外の寄附は、その公職の候補者等が政党・政治資金団体以外のものに対して1年間に行うことができる寄附の総額（1,000万円）の範囲内であれば、1団体あたり150万円の制限は適用されません。

▲政治団体への政治資金の流れと政治団体間の政治資金の流れ

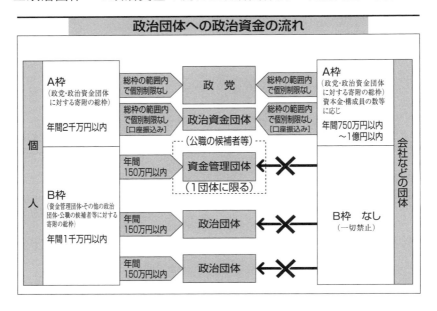

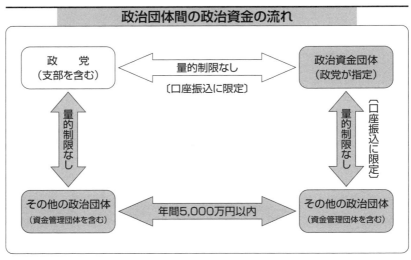

● 公職の候補者等が受けられる寄附

　公職の候補者等個人が受けることができる、政治活動に関する寄附（選挙運動に関する寄附を除く）は、政党からのものを除き、金銭・有価証券以外に限られ、1年間に受けられる寄附の限度額は下記の通りです。ただし、個人からの寄附は、寄附を提供する個人が政党・政治資金団体以外の者に対して1年間に行うことができる寄附の限度額（1,000万円）の範囲内でなくてはなりません。

　なお、公職の候補者等は外国人などからの寄附、又は他人名義や匿名による寄附を受けることができません。

寄附の提供者	年間限度額
個人（公職の候補者等を含む）	150万円
会社などの団体	禁止
政治団体	制限なし

● 公職の候補者等が提供できる寄附

　公職の候補者等は、寄附者の区分では個人にあたります。政治団体に対して行うことができる寄附の年間限度額は下記の通りです。

寄附の受領者	年間限度額
政党・政治資金団体	2,000万円
資金管理団体・その他の政治団体・公職の候補者等[※]	1,000万円
1つの資金管理団体・その他の政治団体・1人の公職の候補者等[※]につき	150万円

[※]公職の候補者等個人に対する金銭、有価証券による寄附は、選挙運動に関するものを除き、禁止。

　特定寄附（P.113）を行う場合は、制限なく寄附を行うことができますが、公職の候補者等は資金管理団体の会計責任者に対し、特定

寄附であることを文書で通知しなければなりません。また、自らの資金管理団体に特定寄附以外の寄附をする場合は、年間1,000万円の範囲で行うことができます。

　なお、公職の候補者等が選挙区内にある者に対して行う寄附は、政治団体に対するものを除き、公職選挙法で禁じられています。また選挙前の一定期間、自己の後援団体への寄附は禁じられていますが、自らの資金管理団体に寄附を行うことは差し支えありません。

6章 | 寄附について正しく理解しよう

▲公職の候補者等個人に関する政治資金の流れ

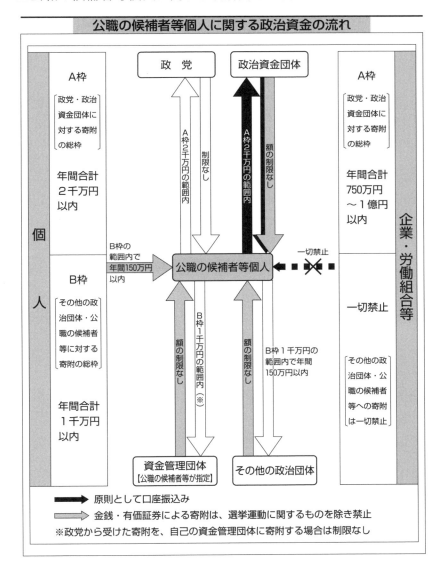

● **会社などの団体が提供できる寄附**

　会社などの団体が１年間にすることができる寄附には限度額があり、団体の規模などに応じて上限額が異なります。なお、１年間に１つの政治団体に寄附できる金額の制限はありません。１年間の総枠の中であれば問題ありません。

　いずれの団体も政党・政治資金団体以外の政治団体や公職の候補者等に寄附することはできません。

寄附の受領者	年間限度額
政党・政治資金団体	750万円～１億円
１つの政党・政治資金団体につき	個別制限なし（総枠内）

　また、法人その他の団体が政治団体の構成員として負担する党費や会費については寄附とみなされます。

6章 | 寄附について正しく理解しよう

会社などの団体の政党・政治資金団体に対してする寄附の年間限度額

会　社	労働組合・職員団体	その他の団体	年間限度額
資本金の額又は出資金の金額	組合員又は構成員の数	前年における年間の経費の額	
10億円未満	5万人未満	2千万円未満	750万円
10億円以上～50億円未満	5万人以上～10万人未満	2千万円以上～6千万円未満	1,500万円
50億円以上～100億円未満	10万人以上～15万人未満	6千万円以上～8千万円未満	3,000万円
100億円以上～150億円未満	15万人以上～20万人未満	8千万円以上～1億円未満	3,500万円
150億円以上～200億円未満	20万人以上～25万人未満	1億円以上～1億2千万円未満	4,000万円
200億円以上～250億円未満	25万人以上～30万人未満	1億2千万円以上～1億4千万円未満	4,500万円
250億円以上～300億円未満	30万人以上～35万人未満	1億4千万円以上～1億6千万円未満	5,000万円
300億円以上～350億円未満	35万人以上～40万人未満	1億6千万円以上～1億8千万円未満	5,500万円
350億円以上～400億円未満	40万人以上～45万人未満	1億8千万円以上～2億円未満	6,000万円
400億円以上～450億円未満	45万人以上～50万人未満	2億円以上～2億2千万円未満	6,300万円
450億円以上～500億円未満	50万人以上～55万人未満	2億2千万円以上～2億4千万円未満	6,600万円
500億円以上～550億円未満	55万人以上～60万人未満	2億4千万円以上～2億6千万円未満	6,900万円
550億円以上～600億円未満	60万人以上～65万人未満	2億6千万円以上～2億8千万円未満	7,200万円
600億円以上～650億円未満	65万人以上～70万人未満	2億8千万円以上～3億円未満	7,500万円
650億円以上～700億円未満	70万人以上～75万人未満	3億円以上～3億2千万円未満	7,800万円
700億円以上～750億円未満	75万人以上～80万人未満	3億2千万円以上～3億4千万円未満	8,100万円
750億円以上～800億円未満	80万人以上～85万人未満	3億4千万円以上～3億6千万円未満	8,400万円
800億円以上～850億円未満	85万人以上～90万人未満	3億6千万円以上～3億8千万円未満	8,700万円
850億円以上～900億円未満	90万人以上～95万人未満	3億8千万円以上～4億円未満	9,000万円
900億円以上～950億円未満	95万人以上～100万人未満	4億円以上～4億2千万円未満	9,300万円
950億円以上～1,000億円未満	100万人以上～105万人未満	4億2千万円以上～4億4千万円未満	9,600万円
1,000億円以上～1,050億円未満	105万人以上～110万人未満	4億4千万円以上～4億6千万円未満	9,900万円
1,050億円以上	110万人以上	4億6千万円以上	1億円

>> 寄附には質的な制限もあります

　質的制限とは寄附をする者の性質に関わる制限です。
　次の1.～3.のような者は寄附をすることができません。また4.については制限があります。
1. 国や地方公共団体から一定の補助金や出資を受けている法人
2. 3事業年度以上継続して赤字を出している法人
3. 外国人や外国法人
4. 他人名義や匿名の寄附。ただし、政党や政治資金団体が街頭や一般に公開される演説会などで受ける1,000円以下の寄附については匿名による寄附が認められます。

　また、政治活動に関する寄附は、寄附を行う者の自発的な意思に基づいて行われる必要があるため、次のような禁止事項もあります。
1. 寄附をあっせんする場合、相手方に対して不当にその意思を拘束してはならない
2. 寄附をあっせんする者は、寄附をしようとする者の意思に反して、その者の賃金や工賃、下請代金などから控除（チェック・オフ）による方法で寄附を集めてはならない
3. 国や地方公共団体の公務員や、行政執行法人や特定地方独立行政法人の職員などが、その地位を利用して、寄附を要求したり、寄附を受けたり、他の者が行う寄附行為に関与してはならないし、求めてもならない。

　※あっせんとは、特定の政治団体や公職の候補者等のために政治活動に関する寄附を集めて、その政治団体や公職の候補者等に提供すること。

なお、政治資金団体への寄附は口座振込で行われなくてはいけません。政治資金団体が寄附を行うときも同様です。ただし、1,000円以下の寄附や不動産の譲渡又は貸付による寄附を除きます。

▶▶ 政治資金パーティーの対価の支払いにも制限があります

　政治資金パーティーは、開催のための対価収入から必要経費を差し引いた残額を政治活動のために用いることを目的とし、原則として政治団体が開催しなければなりません。政治資金パーティーの対価の支払いは債務の履行として支払われるもので、政治活動に関する寄附には該当しません。ただし、適正に行われるようにするため、いくつかの規定が設けられています。

1. 1つの政治資金パーティーにおいて同一の者からの対価の支払いは150万円以内。1つの政治資金パーティーにつき150万円以内であれば、複数の政治資金パーティーについてパーティー券を購入することができる。
2. 1つの政治資金パーティーにおいて同一の者からの対価の支払いの合計が20万円を超えるものについては、開催した政治団体の収支報告書に、対価を支払った者の氏名、住所、職業、金額、年月日を記載しなければならない。
3. 政治資金パーティーを開催する者は、対価を支払おうとする者に対して、あらかじめ政治資金パーティーの対価の支払いであることを書面で告知しなければならない。

　また、政治団体以外の団体が開催した場合は、一般的にはその収益

(開催のための対価収入から必要経費を差し引いた残額)を寄附するものと考えられますが、その際、政治資金パーティーの開催団体は、一部の例外を除きその他の団体として取り扱われるため、政党や政治資金団体以外への寄附は禁止されています。また寄附の量的制限の対象となりますから、資本金や組合員数などに応じて寄附の限度額があります。

> Column **講演料などは受け取れるが金額には注意が必要**
>
> 　公職の候補者等は会社などの団体から政治活動に関する寄附を受け取ることはできません。ただし、講演料、訪問料、車代、旅費、原稿料などは、債務の履行としてなされるものであり、一般的には政治活動に関する寄附に当てはまらないので、受け取ることができます。
>
> 　ただし、その金額が社会的にみて対価の支払いとしての範囲を超える場合は、政治活動に関する寄附に当たるとみなされることもあります。

7章 | 問題となった事例

　「選挙の管理執行は100点満点が当たり前」といわれます。ところが実際には思いがけないミスが起こっています。「わずかな不注意で!?」「そんな思い込みが!?」ということで発生するミスがなくなっていないのが現状です。

　あってはいけないミスを知っておくことは、選挙の管理執行上の危機管理につながります。この章では、これまでに起こったミスの事例を挙げました。ミスを起こさないためにはどういう注意が必要なのか、実例を参考にして考えてみてください。

>> 選挙人名簿に関すること

case 1

問題点

転出から4か月が経過していないのに、選挙人名簿から抹消してしまった。

経緯

投票日当日、選挙人から選挙管理委員会に対して投票所入場券が届いていないという連絡があった。調べたところ、その選挙人は市外に転出後4か月が経過していなかったのに、誤って選挙人名簿から抹消されていた。また、他にも抹消されていた選挙人が2人いた。

対処

連絡があった選挙人については前住所地の投票所で投票をしてもらい、残りの2人についてはおわびの文書を送った。

POINT

選挙人名簿から抹消するのは、転出から4か月が経過してから。転出の日付をしっかり確認しましょう。複数人でチェックすることも大切です。

case 2

問題点
選挙人名簿に選挙権復権の事務手続きをしていなかった。

経緯
ある選挙人の選挙権が停止されていたが、選挙権の回復についてその選挙人の本籍地の地方公共団体から7か月前に通知文書を受け取っていたのに、選挙人名簿の「選挙権が停止中である」旨の表示を消除していなかった。

対処
選挙管理委員会は、投票日の5日前に気づいて表示を修正した。その際に選挙人名簿の再点検を行ったところ、8か月前に選挙権回復の通知を受けていた選挙人についても未処理だったことがわかり、手続きをした。

POINT
選挙権を停止する旨の通知が本籍地市区町村から送られてくると、刑期等から「刑の終了予定日」を計算することができます。特に選挙前にはその終了予定日をチェックし、回復通知が来ていないようならば本籍地に照会するなど、きちんと管理することが重要です。

case 3

問題点

市外に在住する18歳と19歳の選挙人について表示登録制度の対象者かどうかを確認せず、選挙人名簿に登録しなかった。

経緯

選挙人名簿の選挙時登録のとき、新たに選挙人名簿に登録される18歳と19歳の選挙人に対して、居住実態について調査を行ったが、市外に居住していると回答があった選挙人について、表示登録制度の対象者かどうかを確認せず、選挙人名簿に登録しなかった。

対処

判明したのが投票日の約2週間前であり、表示登録制度の対象者かどうかの確認に時間がかかることから、対象となる選挙人を選挙人名簿に補正登録した上で文書を送り、表示登録制度に該当する場合は投票が可能であると知らせた。

POINT

選挙権が18歳以上になったことで、選挙人が進学や就職などのために住所を移動後に選挙が執行されることがあります。そこで平成28（2016）年に公職選挙法の一部が改正され、選挙人名簿の登録は、それまでの登録制度によるほか、当該市区町村の区域内から住所を移した年齢満18歳以上の人のうち、旧住所地の市区町村などの住民票が作成された日から引き続き3か月以上、住民基本台帳に記録されていて、その市区町村などの区域内に住所を有しなくなった日後、4か月を経過しない人について行うことになりました。

>> 啓発に関すること

case 4

問題点

同じ町内に2つの投票区が存在する地域で、一方の投票区のみ投票所が変更になったが、お知らせするチラシに対象区域名の掲載を誤り、対象外の投票区の地域にも配布して混乱を招いた。

経緯

町内に2つの投票区が存在している地域で、区画整理で投票所に使用していた建物が使用不可になったことなどから、そのうち1つの投票区の投票所が変更になった。周知のため作成したチラシに変更の対象区域を「A町1丁目の一部、A町2丁目の一部」と記載すべきところ、「A町1丁目、A町2丁目」と記載。また、全地域に配布したため、投票所が変更になっていない投票区にもチラシが配布され、選挙人の混乱を招いた。

対処

投票所入場券には正しい投票所が記載されていることから、誤って来場した選挙人がいた場合の対応について、投票所の事務従事者に指示した。

POINT

　住民向けのチラシや広報などは、一度外に出てしまったら訂正することが困難です。記載内容に誤りがないか、原稿や校正段階では必ず元となるデータや資料と突合して、複数人でチェックするなど、ミス防止を図る体制を作ることが大切です。

>> 投票所入場券に関すること

case 5

問題点

　前年の選挙から投票所が変更になったのにデータを修正せず、投票所入場券に誤った場所を記載した。

経緯

　投票所入場券のうち、A投票所で投票すべき選挙人（1,645世帯、3,460人）へ送った投票所入場券にB投票所と記載されていた。この地域では、以前からA投票所を使用していたが、前回の選挙の際には耐震工事中であったためB投票所を使用していて、そのデータが訂正されないまま印刷し、送付された。

対処

　発送前に誤りに気づいたものの、すでに郵便局に持ち込み済みで、取り戻し手数料が1通当たり570円かかることからそのまま送付し、改めてお詫び文書を発送した。お詫び文書には、正しい投票所名と

送付済の投票所入場券はそのまま使用できることを記載。また、投票日当日はB投票所に案内係を配置して、選挙人の来訪に備えた。

POINT

　「投票所の変更」は、選挙人への周知事項の中でも最重要のものです。変更したときは何をするのかの「ToDoリスト」をあらかじめ作っておき、複数人で情報を共有するなどのチェック体制を作っておくことが重要です。

case 6

問題点

　投票所変更を知らせるゴム印を押し間違えたまま、投票所入場券を送付した。

経緯

　前回の選挙から投票区の変更に伴って投票所が一部変更になったため、投票所が変更になった選挙人の投票所入場券に「投票所が変更になりました」とゴム印を押して周知することにした。しかし、変更しない投票所の投票所入場券に押印したり、変更がある投票所入場券には押印せずに、発送してしまった。

対処

　投票所の変更がない地域の選挙人には誤りを伝えるはがきを発送し、投票所の変更に関するチラシを作成して選挙公報と併せて全戸配布した。

POINT
ゴム印の押印など手作業によらなくとも済むよう、投票所入場券の仕様を工夫することなどが重要です。事務改善を検討するときは「ヒューマンエラーの防止」の観点を取り入れることも重要です。

case 7

問題点
選挙人名簿から抹消された人に投票所入場券が送付された。

経緯
ある期間中に転出して選挙人名簿から抹消された選挙人の一部と、同じ期間に死亡した人の計53人に対して、投票所入場券が送付された。

これは、選挙システムに選挙人名簿からの抹消者が正しく反映されなかったことが原因であった。選挙システムは3、6、9、12月の定時登録と各選挙の選挙時登録で、選挙人名簿と投票所入場券を出力するときには、抹消者の反映を行わなければならないが、前回の選挙のときにこの処理を行っておらず、その後、定時登録と選挙時登録の際に修正する機会があったが、確認を漏らしていた。

対処
選挙システムの保守管理業者に原因究明と対象者の抽出を依頼。対象者にはお詫び文書を発送した。

> **POINT**
>
> 選挙人名簿事務は、選挙管理の基本中の基本です。選挙人名簿の登録と抹消はともに選挙管理委員会の議決事項であり、委員会で議決されたら作業を確実に行い処理が漏れることのないようチェックする体制をつくることが必要です。

case 8

問題点

印刷ミスで再印刷した投票所入場券を送付したため、二重送付が発生した。

経緯

投票所入場券を作成する際、A4サイズの用紙にはがきサイズで4人分ずつ印刷し、裁断した。中には印字がずれたために再印刷した分があったが、その印字ずれの分を取り除かずに郵便局に持ち込んだ。そのため一部の選挙人に対し、投票所入場券が二重に送付された。

対処

プリンターの作業履歴から重複交付は最大で248人分と判明した。当該地方公共団体の選挙管理委員会は県の選挙管理委員会に報告したうえで、報道発表を行った。該当する選挙人に対しては有線放送で告知し、直接連絡したうえで印字ずれした入場券の回収や破棄を依頼した。

選挙管理委員会は、今後は発送準備作業における確認作業の徹

底など、事務処理手順の見直しと強化を行うとした。

POINT

　印字ずれした分を取り除きながら作業すれば防ぐことができた事例です。また、できるだけ複数人で作業をしたり、事後に確認したりすることも大切といえます。

case 9

問題点

　市外へ転出して3か月未満の選挙人269人に対し、投票所入場券を発送していなかった。

経緯

　選挙期日の翌日、市外に転出した選挙人から転出してから3か月未満なのに投票所入場券が届いていなかったという申出があった。
　投票所入場券の宛先を印刷するときに印字トラブルがあったため、シール貼りで修正をすることにして、市内在住者などの分を優先して行った。市外転出後3か月未満の選挙人の投票所入場券は、転出後3か月～4か月となるため発送しない投票所入場券と同じ箱に入れていて、そのまま失念した。対象となる選挙人は269人であった。

対処

　申出があった選挙人には直接説明をし、他の268人には通知により周知とお詫びをした。

POINT

　大量の発送物を作成するなどの作業を行う場合、「何をどこに仕分けるか」、「出来上がったものはどうするか」などの手順をあらかじめ決めてマニュアル化し、作業員全員に共通認識を持たせることが必要です。また仕分けた箱に「○月○日発送用」などの表示を付けておくなど、自分が忘れても誰かが気づくようにする工夫も必要です。どのような作業も、事前の準備が肝心です。

>> 投票に関すること

case 10

問題点

　選挙人が小選挙区の投票箱に比例代表と国民審査の投票用紙を投函した際、小選挙区の投票用紙と投票所入場券であると思い込み、再度、比例代表と国民審査の投票用紙を交付した。

経緯

　期日前投票所で、比例代表と国民審査の投票用紙を小選挙区の投票箱に投函しようとした選挙人に投票立会人が気づいて指摘をしたが、間に合わず投函されてしまった。これを聞いた投票管理者は、投函された2枚は小選挙区の投票用紙と投票所入場券であると思い込み、再度、期日前投票宣誓書に記入してもらった上で比例代表と国民審査の投票用紙を交付。選挙人は投票を行った。
　その後、受付人数と投票用紙の枚数を確認したところ、数が合わな

かったため、比例代表と国民審査の投票用紙の二重交付が判明した。

対処

複数の投票が行われる際の選挙人の動線を見直し、思い込みで判断しないよう、事務従事者に対する研修会などで周知して再発防止に努めるとした。

POINT

「思い込み」は思わぬミスを誘発しかねません。この事例では、再度用紙交付をする前に選挙人や用紙交付係の従事者に事情を確認するなど冷静な行動をしていればミスが防げたと思われます。トラブルに際しては、冷静に対応することを心がけてください。

case 11

問題点

選挙人が「投票済」の印が付いていない投票所入場券を持参してきたが、選挙人名簿には「投票済」と表示があった。投票管理者に確認したところ、確認内容を思い違いして「大丈夫」と返答したため、投票用紙が交付された。

経緯

投票日当日、期日前投票を済ませていた選挙人が投票所に来所した。選挙人名簿対照を行ったところ「投票済」とあったが、未処理の投票所入場券を持参していたため、名簿対照係は投票管理者に投票

をさせてよいかと確認をした。投票管理者は別の案件について確認中であったため、確認中の案件と思い違いして「大丈夫」と答えた。そのため、名簿対照係は投票させることが可能と判断し、投票が行われた。

　この選挙人は、期日前投票所では投票所入場券を持参せずに投票をしたため、投票日当日に未処理の投票所入場券を持参することができた。

対処

　選挙管理委員会はすべての投票所に対して、投票用紙の交付は選挙人名簿と確実に対照してから行うこと、投票済かどうかについても選挙人名簿で漏れなく確認することを注意喚起した。

POINT

　名簿対照係が、選挙人名簿と確実に対照をするということを徹底していれば、投票用紙の二重交付は防げたことかもしれません。選挙執行時は、いろいろな人が選挙事務に携わります。事前の研修などをしっかり行うことも大切です。

　また、「思い込み」「思い違い」は、選挙執行上はミスにつながりかねません。一つ一つていねいに確認しながら行うことも徹底しましょう。

case 12

問題点

選挙人が比例代表と国民審査の投票用紙の交付を受けた後、交付係のところに戻り、「比例代表の投票用紙を受け取っていない」と主張したため、交付した。

経緯

投票用紙交付係が選挙人に比例代表と国民審査の投票用紙を交付した後、選挙人が交付係のところに戻り、国民審査の投票用紙だけを見せて、「比例代表の投票用紙を受け取っていない」としつこく主張した。投票用紙交付係は比例代表の投票用紙を交付していないと思い、交付をした。その結果、投票が行われた。直後に交付係が職務代理者に報告して投票用紙の残存枚数を数えたところ、比例代表の投票用紙が1枚少ないことがわかり、二重交付が判明した。

対処

選挙管理委員会は、投票用紙を交付する際には必ず投票用紙の種類と枚数を声に出して確認すること、もし同じような事例があった場合は、投票用紙を交付する前に残存枚数を確認することを徹底した。

POINT

投票用紙を交付したにも関わらず、選挙人から受け取っていないと強い申立てがあったために投票用紙を交付してしまった事例は他にもあります。実際に投票所で事務に携わる人は選挙人から強く申立てを受けると怯んでしまうことがあるかもしれません。こういう場合の対処なども検討しておく必要があるでしょう。

case 13

問題点
　選挙管理委員会から投票用紙を投票所に送付するときに投票用紙を取り違えて梱包し、中身の確認を怠ったため、投票用紙の交付誤りが発生した。

経緯
　選挙管理委員会は選挙区と比例代表の投票用紙を取り違えて梱包して、投票所に送致した。受け取った投票所では気づかないまま、選挙区と比例代表の投票用紙を取り違えて交付し、その結果、投票が行われた。取り違えに気がつくまでに、合計13人の選挙人に対して23枚の投票用紙を交付した。

対処
　誤って投票用紙を交付した選挙人に対して、選挙管理委員会の委員長と事務局が直接訪問して謝罪した。今後は投票用紙の梱包は透明のフィルムにより中身が確認できるようにすること、作業の開始時と作業途中に、事務従事者以外の職員が確認を行うこととした。

POINT
　「複数票選挙での用紙交付ミス」は全国的に頻発しているミスです。これを防止するためには、たとえば用紙交付係や投票記載台、投票箱の表示物をすべて投票用紙と同じ色に統一するなどの工夫をすることが大切です。
　また、事務のどの場面でも、「誰かが確認しているだろう」ではなく

「自分が確認する」という意識を持って仕事をすることが大切です。投票所の事務従事者にもこの点をしっかりと伝えましょう。

case 14

問題点

投票済みの選挙人が、息子の投票所入場券を持って投票所を訪れ、息子本人として選挙人名簿にチェックされて投票用紙が交付された。

経緯

投票日当日、すでに投票を済ませた選挙人が、仕事のために投票に来ることができない息子の投票所入場券を持参し、代理で投票しようと再度投票に訪れた。投票所入場券の裏面は期日前投票の宣誓書となっており、息子が自署していた。事務従事者は息子による投票として名簿にチェックを入れ、投票用紙を交付し、投票が行われた。

投票管理者が投票済の選挙人が投票しているのを見て、発覚した。

対処

選挙管理委員会は詐偽投票の疑いで警察に報告し、報道発表を行った。また、すべての投票所に確認作業の徹底を指示した。今後は、事務従事者に説明会などで選挙制度や本人確認などの徹底を図り、再発防止に努めるとした。

POINT

　息子の代わりに投票しようと思った選挙人は代理投票を誤解しており、応対した事務従事者は本人確認を怠ってしまいました。選挙人名簿と対照するのはもちろんですが、どのように本人だと確認するのか、事前に研修などを行ったほうがよいでしょう。

　代理投票について誤解している選挙人が、仕事や病気などのために投票所に来ることができない家族の分の投票所入場券を持って投票所に来た事例はほかにもあります。また、自分と家族の分の2枚を持ってきた選挙人に対して、名簿対照係は目の前には1人しかいないのに選挙人名簿を2人分チェックし、投票用紙交付係は投票所内にもう1人いると思い込んで、投票用紙を2枚交付するといった事例もあります。投票用紙は1人に対して1枚。これを徹底することも重要です。

case 15

問題点

　不在者投票をすべき選挙人に期日前投票を行わせた。

経緯

　選挙期日までに誕生日を迎えて18歳となり選挙権を取得する17歳の選挙人が期日前投票所を訪れた。投票所を訪れた時点で満18歳未満の選挙人に対しては、期日前投票システムに期日前投票ができないという表示と不在者投票を促す表示が出るが、事務従事者が見落とし、誤って期日前投票を行わせてしまった。

7章 | 問題となった事例

> 対処

選挙管理委員会は、操作マニュアルの熟読と年齢要件についての確認を厳重に指示した。

> POINT

選挙権が18歳以上となり、さまざまな形で若い世代への啓発に努めていることから、選挙期日に18歳となる選挙人が投票する機会が増えていることでしょう。

選挙期日に18歳となる選挙人が、選挙期日より前に投票する場合は、期日前投票ではなく不在者投票になることを投票所の事務従事者とともにしっかり理解しましょう。

case 16

> 問題点

不在者投票を希望した選挙人に対し書類を送ったが、投票用紙が封入されていなかった。

> 経緯

不在者投票用紙の交付を請求した選挙人が、投票するために居住地の選挙管理委員会に書類を持ち込み、その選挙管理委員会の職員が開封したところ、投票用紙が封入されてなく投票することができなかった。

対処

　不在者投票用紙を送った選挙管理委員会は、選挙人の居住地の選挙管理委員会から連絡があった後、選挙人に対して謝罪し、報道発表を行った。

POINT

　不在者投票用紙を送付するときには、不在者投票用封筒や不在者投票証明書などの書類を準備し、施錠した保管庫などから投票用紙を取り出して封筒に入れます。しかしこの事例では、投票用紙の封入が忘れられていました。手間はかかりますが、発送時に複数人でチェックすることでミスを防ぐことができるでしょう。

case 17

問題点

　投票所記載台に掲示する氏名等掲示で候補者名を誤って表記し、掲示した。

経緯

　期日前投票の期間中から投票日当日まで、1人の候補者の氏名のうち1文字を誤って表記し、各投票所に掲示していた。誤ったのは名前の1文字で読み方が同じ別の漢字としてしまった。

対処

　選挙管理委員会はこの候補者に電話で連絡をし、1文字違いの投票も有効投票と判断することを伝え、他の候補者にも電話で報告をした。また、投票立会人に口頭で説明を行い、投票所に来所した報道機関に情報を提供した。

POINT

　過去には候補者氏名等掲示の記載ミスで選挙無効になった事例もあります。記載台に掲示する候補者名や政党名などの表記の誤りがないよう、複数の目によるチェックを徹底しましょう。

case 18

問題点

　不在者投票施設の指定を受けていない施設からの投票用紙の交付請求を受け入れてしまい、投票が行われ、その投票用紙を受理した。

経緯

　不在者投票施設の指定を受けていない施設から、不在者投票の投票用紙の交付請求があり、選挙管理委員会が投票用紙の交付を行った。その結果、投票が行われ、その投票用紙を受理した。投票終了後、この施設から選挙管理委員会に不在者投票管理経費請求書が届いたため、判明した。

対処

今後は交付請求を受けた時点で、作成済の施設一覧と確実に対照するとした。

POINT

この施設を運営する法人は、この施設が指定を受けていないことを忘れていて、指定を受けている他の施設と同様に請求を行いました。選挙管理委員会側でも十分に確認を行わずに投票用紙の交付と受理を行ってしまいました。確認することの大切さを教えてくれる事例です。

>> 開票に関すること

case 19

問題点

未開封の投票箱があったため、改めて開票作業を行い、開票集計に時間がかかった。

経緯

開票作業の途中で投票数と投票者数に大きな隔たりがあることがわかった。確認したところ、開封していない投票箱が2つあることが判明。改めて開票作業を行ったため、開票集計が遅延した。

対処

選挙管理委員会は担当職員に注意喚起をし、開票所全体のスペースを再考して、開封済と未開函の投票箱を別々の場所に置くなどの措置を検討するとした。

POINT

この開票所では参観人のスペースを広く取り、開票台を大きくしたため、それ以外のスペースが狭くなってしまいました。そのため開封済と未開函の投票箱を別々の場所に置くことができなかったのです。参観人に開票状況を開示することは大切です。また開票台を大きくしたのも、開票事務に携わる人の作業のしやすさを考慮した判断だったのかもしれません。その変更をしたうえで、開票の作業内容や動線などを考え、開封済と未開函の投票箱を区別する工夫をすることで回避できたのかもしれません。

変更するときには、他のことで不具合が起きないかをよく確認することが大切です。

>> 選挙公営に関すること

case 20

問題点

強風のためポスター掲示場が倒壊し、通行人にけがを負わせた。

経緯

強風のためポスター掲示場が倒壊し、掲示板が通行中の人に当たってけがを負わせた。けがをした人は救急車で病院に搬送され、治療の後、当日中に退院した。

対処

当日、倒壊したポスター掲示場は一時的に撤去した。翌日、支柱や筋交いの数を増やすとともに、板面を左右2面に分割して風が通る部分を設けた上で再設置した。

POINT

ポスター掲示場の設置場所を定めるのは、選挙管理委員会です。実際に設置するのは委託する事業者などです。ポスター掲示場に問題がないか、設置の仕方に問題がないかなどは念入りに確認しておく必要があります。また、強風など荒天時の対応策や事故発生時の対応などを仕様に入れておくなど、トラブル発生を念頭に置いた準備が必要です。

選管職員に取材して編纂
選挙管理委員会事務局新任職員のための本

無断禁転　　　　　　　　　令和7年4月28日発行

　　監　　修／高　畑　範　章
　　　　　　　（新宿区選挙管理委員会事務局次長）
　　発 行 人／中　島　孝　司
　　発　　行／株式会社　国政情報センター
　　〒150-0044　東京都渋谷区円山町5－4道玄坂ビル
　　電　　話　03－3476－4111
　　ＦＡＸ　03－3476－4842
　　振替口座　00150－1－24932

定価：3,080円（本体2,800円＋税10％）　乱丁・落丁本はお取替えいたします。
ISBN978-4-87760-378-6 C3031 ￥2800E